마에다 켄의
타격 메커니즘 ❸
타자 이론편

BATTING MECHANISM BOOK RIRON-HEN
: BATTING NO SHIKUMI by Ken Maeda

Copyright © Ken Maeda, 2013
All rights reserved.
Original Japanese edition published by BASEBALL MAGAZINE SHA Co.,Ltd.

Korean translation copyright © 2017 by WMedia
This Korean edition published by arrangement with BASEBALL MAGAZINE SHA Co.,Ltd.
Tokyo, through HonnoKizuna, Inc., Tokyo, and Carrot Korea Agency.

이 책의 한국어판 저작권 은 W미디어에 있습니다.
저작권법에 의해 한국 내에서 보호를 받는 저작물이므로
무단전재와 무단복제를 금합니다.

バッテイングメカニズムブック – バッティングの仕組み

마에다 켄의
타격 메커니즘 3
타자 이론편

마에다 켄前田健 지음 | 이정환 옮김

추천사 1

"앞에서 쳐라!" "좀 더 뒤에다 놓고 쳐라!" 내가 선수생활을 하면서 수도 없이 들어온 말이다. 지금 이 책을 읽고 있는 선수들이라면 모두 공감할 수 있을 것이다. 그들이 이 책을 접하게 되면, 그동안 내가 알고 있고 그리고 연습해오던 타격 동작과 전혀 다르기에 처음엔 이게 맞는 것인가 하는 생각도 들 것이다. 하지만 이 책을 통해 과학적이면서도 이론적으로 보다 정확한 몸의 구조와 쓰임들, 가장 효과적인 타격 동작과 훈련법을 알게 되며, 또 자신의 좋은 점과 좋지 않은 점을 알아내어 스스로 단점들을 고쳐 나갈 수 있을 것이다.

지금도 많은 야구 지도자분들은 감각적 이론으로 가르치고 있다. 하지만 이러한 지도 방법은 배우는 입장인 아마야구 선수들에게 혼란을 줄 뿐이다. 반면 이 책은 나의 폼을 자신이 수정할 수 있게끔 해주는 방법을 잘 설명해주고 있다. 최고가 되고 싶어 하는 선수라면 꼭 한 번쯤 읽어보길 바란다.

박병호(MLB 미네소타 트윈스 야구선수)

추천사 2

언제나 '오늘은 어제보다 더 나은 선수'가 되겠다는 마음으로 타격만 생각합니다. 기존의 '감각이나 이미지'에 근거를 둔 인식 방법이 아니라 과학적인 동작의 구조에 바탕을 둔 마에다 켄前田健의 타격 이론은 제게 좋은 지침서가 됩니다. 여러분에게도 이 책이 좋은 타격 교과서가 될 것이라 믿고, 진심 가득 추천합니다.

손아섭(롯데 자이언츠 야구선수)

추천사 3

　야구의 타격 이론은 보는 사람과 관점에 따라 다양하게 나온다. 그렇다 보니 야구 전문가들이 선수시절의 경험을 통해 얻은 지식을 이야기하다 보면 과학적이거나 통계적이지 않은 경우가 있다. '과거의 지식을 축적한 상자'라고 말할 정도로 기존의 방식에 의존하는 경향이 강하다 보면 '현상유지'가 되고 마는 경우가 생긴다. 그래서 마에다 켄 트레이닝 코치처럼 야구인이 아닌 타 부분의 관점에서 논리적으로 타격 메커니즘을 논하는 것 자체만으로 큰 의미가 있다고 생각한다. 새로운 기술을 만들어내기 위해서는 다양한 관점을 통해 서로 논의해서 찾는 방법이 가장 효과적이다. 이 책은 타격 이론에 대해 다른 관점을 통해 타격 기술을 얻을 수 있는 좋은 기회가 될 것이다.

이종열(SBS Sports 프로야구 해설위원)

이 책에 관하여

  2003년, 한신阪神 타이거스가 18년 만에 일본 프로야구 리그 우승을 이룬 그 해에 마에다 씨는 1군 트레이닝 코치로 입단했다. 당시 나는 1군 타격 코치였다. 그리고 이듬해에 내가 2군의 야수 종합코치가 되자 그도 2군의 트레이닝 코치가 되어 우리는 2년 동안 코치로 함께 시간을 보냈다. 당시에 그는 신선한 내용들을 바탕으로 야구에 도움이 되는 동작을 도입, 트레이닝을 실시했는데 그 모습이 정말 인상적이었다.

  프로야구 현장에서는 80~90%가 스스로 연마한 감각을 무기로 삼아 플레이를 하거나 지도를 하는 경우가 많지만, 우리가 감각적으로 실천해온 기술에 대해 그는 늘 한 걸음 뒤로 물러나 그 기술에 필요한 신체 동작이라는 관점에서 선수의 몸만들기에 힘썼다. 고관절을 비롯하여 다양한 관절들의 올바른 움직임을 이끌어내는 트레이닝 덕분인지 부상을 당하는 선수들이 급격히 줄어들었고, 모든 선수들이 1년 동안 바람직한 상태를 유지할 수 있었다. 이것은 그의 커다란 공적이다.

  그런 그가 타격과 관련된 책을 출간한다고 한다. "트레이닝 코치가 왜 기술 서적을?" 하는 의문을 느끼는 분도 있을지 모르지만 그렇지 않다. 오히려 트레이닝 코치의 관점으로 기술을 설명하는 것이 현 야구계에는 커다란 의미가 있다.

프로이건 아마추어이건 현장에서 뛰는 선수와 지도자는 무엇이 필요한지를 감각적으로는 이해하고 있지만 그것을 말로 설명하기는 어렵다. 그리고 그 필요한 동작을 할 수 없을 때는 물론 동작이 무너졌을 때 올바른 동작과 차이가 있다는 사실은 즉시 깨달을 수 있지만, 그 차이가 발생하는 원인을 찾아내기는 어렵다. 헤드가 내려가는 데에는 헤드가 내려가는 원인이 있고, 허리가 열리는 데에는 허리가 열리는 원인이 있다. 그렇기 때문에 단순히 "헤드가 내려가잖아", "허리가 열렸잖아"라고 지적하는 것만으로는 바꾸기 어렵다. 문제점을 수정하려면 문제가 발생하는 구조를 이해하고, 그 원인에 대처해야 한다. 그렇게 하려면 트레이닝 코치처럼 신체적인 측면에서 해석하는 기술적 견해가 필요하다.

이 책에는 마에다 씨의 트레이닝 코치로서의 보기 드문 분석 능력을 바탕으로 한 타격 동작의 전체적인 과정이 멋지게 설명되어 있다. 우리가 실천하고 있는 기술을 동작의 구조로 바꾸어 그 성립과정을 구체적으로 제시하고, 왜 신체를 올바르게 사용하지 못하는가 하는 원인까지 상세하게 설명한다.

기술에 대한 이런 견해는 앞으로의 야구계에 매우 필요한 내용이다. 따라서 이 책은 야구계의 타격이론을 비약적으로 진보시키는 커다란 변환점이 될 것이다.

와다 유타카和田豊 한신 타이거스 감독(2012~2015)

Contents

추천사 1 __ 4

추천사 2 __ 5

추천사 3 __ 6

이 책에 관하여 __ 7

제1장 **골반 회전동작**의 메커니즘 15

    1. '뒤쪽에 남긴다'의 진정한 의미 __ 16

    2. 골반 회전의 지탱점 __ 19

    3. 골반 회전동작의 구조 __ 25

    4. 내딛는 다리의 '말리는' 현상에 관하여 __ 31

    5. 무지구拇指球는 사용하지 않는다 __ 34

    6. 축족을 뒤집는 방식 __ 38

    7. 축족의 위치는 움직인다 __ 42

    8. 내딛는 다리를 지탱점으로 만들기 위한 동작 개선과정에서
       발생하는 문제점 __ 46

    9. '무릎을 부드럽게'라는 말의 오해 __ 50

제2장 미트 포인트meet point에 관한 오해 53

1. '포인트를 가까이'의 진정한 의미 __ 54
2. '포인트를 가까이'는 문제점을 악화시킨다 __ 58
3. 타격의 기본을 포착하는 방법 __ 62

제3장 상체의 회전동작과 보텀 핸드의 중요성 65

1. '최단거리' 스윙이란? __ 66
2. 상체 회전동작의 중요성 __ 67
3. '견갑골 슬라이드'의 중요성 __ 70
4. 어깨의 리드는 스윙을 시작하는 시점부터 시작된다 __ 75
5. 상체의 축 회전을 만든다 __ 78
6. 옆구리가 '조여진다', '비어 있다'의 구조 __ 81
7. 옆구리 조이기 동작의 오해와 폐해 __ 85
8. 톱 핸드가 옆구리를 조이는 구조 __ 88
9. 배트를 '안쪽에서 내민다'의 중요성 __ 91
10. 배트를 '안쪽에서 내미는' 스윙의 구조 __ 94
11. '안쪽에서 내미는' 스윙의 오해 __ 98
12. 상체 회전의 구조 __ 101
13. 스윙의 주체가 되는 팔의 존재 __ 105
14. 헤드가 내려가는 원인 __ 111
15. 헤드의 '멀리 돌아가는' 현상과 빨리 뒤집히는 현상이 발생하는 원인 __ 118
16. '손으로 타격을 하는' 구조 __ 121

17. '선으로 포착한다'는 이미지의 오해 — 127
18. 스윙 플레인을 일치시킨다 — 131
19. 보텀 핸드의 촙 동작 — 133
20. '헤드를 세운다'에 대한 오해 — 135
21. 정확한 타격을 위한 스윙 플레인과 '톱'의 관계에 관한 기본원칙 — 139
22. 낮은 공에 대한 스윙 플레인 — 143
23. 높은 공에 대한 대응을 통하여 알 수 있는 것 — 146
24. 높은 공에 대해 스윙 플레인을 맞추는 방법 — 151
25. 테이크 백 동작은 어깨로 실시한다 — 154
26. 준비단계의 차이에 의해 발생하는 높낮이에 대한 대응의 차이 — 156
27. 준비단계보다 '톱'이 더 중요 — 161

제4장 톱 핸드 움직임의 메커니즘 165

1. 톱 핸드 주체의 기술론에 관한 의견 — 166
2. 톱 핸드의 움직임 — 168
3. 어깨를 오므리는 동작의 중요성 — 172
4. 어깨의 오므림과 상체 회전동작의 관계 — 178
5. 어깨의 오므림과 헤드가 뒤집히는 관계 — 183

제5장 스텝 동작의 메커니즘 191

1. 골반을 옆 방향으로 유지하는 중요성 __ 192
2. 고관절로 '받아내는' 중요성 __ 197
3. 고관절로 '받아내는 동작'을 이해한다 __ 202
4. 스텝을 밟을 때 머리는 움직인다 __ 204
5. '머리가 움직이지 않는다'는 표현의 실태 __ 207
6. 머리가 움직이는 스윙을 하게 되는 원인 __ 210
7. 착지 때의 체중 배분과 체중 이동의 구조 __ 215
8. 상체는 남겨도 체중은 남기지 않는다 __ 218
9. 상체를 남긴 착지자세의 진실 __ 221

제6장 테이크 백에서의 '톱'의 메커니즘 225

1. 보텀 핸드의 라인을 맞춘다 __ 226
2. 공의 높이에 따라 라인을 맞추는 차이 __ 229
3. '비틀림'을 만든다 __ 234
4. '톱'에서의 세 가지 직각의 존재 __ 237
   1. 보텀 핸드와 배트가 이루는 직각 __ 238
   2. 보텀 핸드와 톱 핸드가 이루는 직각 __ 242
5. 그립의 위치와 깊이의 기준 __ 247
6. 어깨를 움츠리는 가동 영역이 부족한 경우의 폐해 __ 250
7. 그 밖에 문제가 있는 '톱' 자세 __ 253
8. '플라잉 엘보'의 주의점 __ 255
9. '히치 hitch'를 이용하여 헤드를 살리는 테이크 백 동작의 실제 __ 260

제7장 타격에 요구되는 **신체 사용 방법**의 핵심 269

1. 스윙 국면에서의 신체 사용 방법의 포인트 — 270
2. 골반의 '슬라이드 동작'에 의한 시동과 코스에 대한 대응 — 272
3. '열림'의 종류 — 277
4. '골반의 슬라이드 동작'과 '상체의 회전동작'의 조합 — 282
5. '골반의 슬라이드 동작'과 '상체의 회전동작'을 조합한 스윙 동작의 실제 — 288
6. 타이밍에 관하여 — 296
7. 변화구에 대한 대응에 관하여 — 300
8. 타격을 향상시키는 데에 중요한 것 — 303
9. 야구계에 보내는 메시지 — 305

저자의 말 — 308
BCS 베이스볼 퍼포먼스 안내 — 310

제 1 장

골반 회전동작의 메커니즘

● ● ●

흔히 "타격은 하반신이 중요하다"고 말하지만 구체적으로 어떤 움직임이 왜 중요하고, 그것은 어떤 구조로 실현되는 것인지에 대해 감각적인 기술 용어 해설과 함께 상세하게 설명한다.

1. '뒤쪽에 남긴다'의 진정한 의미

현재 타격과 관련된 기술론 중에서도 특히 자주 사용되고 있는 표현으로 '뒤쪽에 남긴다'는 표현이 있다. 이 말을 듣는 것만으로는 체중 자체를 축각軸脚(추이 되는 다리) 위에 남긴 채 스윙을 하는 것이 중요하다는 의미인지, 헤드가 '파고든다'는 현상이 발생하면 안 된다는 것인지 확실하게 이해할 수 없다. 이 '파고든다'는 표현 역시 체중 이동이 큰 것이 '파고든다'는 의미인지, 헤드가 투수 쪽으로 허리보다 앞서는 형식으로 스윙을 하는 것이 '파고든다'는 의미인지 정확하게 이해하기 어렵다.

단순하게 생각해서 앞쪽으로 강한 타구를 치고 싶은데 축각 위에 체중을 남겨둔다면 전혀 도움이 되지 않는다(제5장 '4. 스텝을 밟을 때 머리는 움직인다' 참조). 또 프로 야구선수가 흔히 "뒤쪽에 남기는 것을 의식한다" 등으로 표현하는데, 프로 수준에서 실제로 체중을 축각 위에 남긴 채 타격을 하는 선수는 볼 수 없다.

신문이나 잡지 등에서 볼 수 있는 임팩트 부근의 사진을 살펴보면 내딛는 다리에서부터 머리에 걸친 라인이 일직선으로 뒤쪽으로 기울어져 있기 때문에(사진 1-1, 1-2, 1-3) 언뜻 축각으로 지탱하고 있는 것처럼 보이지만 그것은 정지 상태에서의 이야기다. 실제로는 스텝에 의해 이동해온 힘을 착지한 다리가 확실하게 받아내어 지탱점이 되고, 그 지탱점을 향해서 허리가 앞으로 나갔기 때문에 내딛는 다리에서부터 헤드까지의 선이 직선이 되며, 축각은 발끝만 바닥에 닿은 자세가 된다. 이때 축각의 발바닥은 발가락의 바닥 부분조차 지면에서 떨어지기 때문에 축

사진 1-1 스윙 동작의 견본

사진 1-2 스윙 동작의 견본

사진 1-3 스윙 동작의 견본

각으로 체중을 지탱하고 있지 않다는 사실을 쉽게 확인할 수 있다. '뒤쪽에 남긴다'는 이미지를 의식하고 있으면서도 축각으로 체중을 지탱하거나 버티고 있지는 않은 것이다. 즉 '뒤쪽에 남긴다'는 것은 중심은 앞으로 이동하더라도 헤드는 '파고들지 않는다'는 의미라고 말할 수 있다.

그렇다고 '뒤쪽에 남긴다'는 이미지를 부정하는 것은 아니다. 그런 의식을 가져야 하는 선수도 있다. 중요한 점은 실현하고 싶은 동작의 구조를 올바르게 이해해야 한다는 것이다.

이처럼 '뒤쪽에 남긴다'는 표현에 관해서는 헤드의 위치가 허리보다 앞쪽으로 나가면 안 된다는 의미이며, 실제 동작에서는 중심이 앞쪽으로 이동해야 하는 것이라고 말할 수 있다. 그러나 많은 현장에서는 '축각에 체중을 남긴다'나 '뒤축 회전' 등으로 표현하는 경우가 많다. 이런 경우 자칫 이미지가 아니라 구체적인 동작으로 연결될 수 있기 때문에 지금 설명한 내용과는 일치하지 않는다.

그렇다면 실제로 효과적인 동작으로서 올바른 것은 무엇일까. 지금부터 검증을 해보자.

2. 골반 회전의 지탱점

　타격의 회전동작에 관해서 흔히 '허리를 돌린다'는 표현을 하는데, 골격의 움직임으로 보면 사실은 '골반을 회전시키는' 것이다. 골반은 좌우의 고관절로 지탱되고 있기 때문에 사람이 골반을 돌릴 수 있는 위치, 즉 골반 회전의 '축'이 될 수 있는 위치는 크게 구분해서 오른쪽 고관절, 왼쪽 고관절, 그 양쪽을 조합시킨 중간 지점 등의 세 곳이다.

　〈사진 1-4, 1-5〉는 축각을 축으로 삼아 골반을 회전시킨 경우, 〈사진 1-6, 1-7〉은 두 다리의 한가운데를 축으로 삼아 골반을 회전시킨 경우, 〈사진 1-8, 1-9〉는 내딛는 다리를 축으로 삼아 골반을 회전시킨 경우다. 이 사진들을 바탕으로 골반이 회전하는 축의 위치와 골반을 움직이는 방법의 관계에 관한 기본적인 원칙을 정리해보자.

　우선, 축각을 축으로 삼아 골반을 회전시키는 경우인데, 축각이 축이 된다는 것은 그 위에 실리는 뒤쪽 허리(오른쪽 허리)의 위치는 바뀌지 않고, 앞쪽 허리(왼쪽 허리)가 뒤쪽으로 이동한다는 뜻이다. 이것은 언뜻 골반이 회전하고 있는 것처럼 보일 수 있지만, 사실 골반은 축각의 고관절 위에서는 투수 방향으로 회전할 수 없다. 고관절을 축으로 골반을 충분히 회전시킬 수 있는 경우는 고관절을 닫아가는 방향의 회전뿐이며, 고관절을 열어가는 방향의 회전은 골반의 움직임만으로는 거의 이루어지지 않는다. 즉 축각을 축으로 삼아 골반을 회전시키는 동작은 골반을 회전시키는 것이 아니라 축각을 발부터 회전시켜 신체 전체의 방향을 일제히 바꾸는 동작이 된다.

사진 1-4 축각을 축으로 삼아 골반을 회전시킨 경우(옆면)

사진 1-5 축각을 축으로 삼아 골반을 회전시킨 경우(뒷면)

〈사진 1-4〉의 동작은 실제로 그렇게 이루어지고 있다. 축각이 그 자리에서 방향을 바꾸면서 그 위에 실려 있는 골반의 방향과 상체의 방향도 함께 바뀌어 앞쪽 허리가 뒤쪽으로 당겨지고 있다.

〈사진 1-5〉를 보면 축각이 그 자리에서 방향을 바꾸는 동작에 의해 다리, 허리, 상체의 모든 방향이 동시에 바뀌는 것을 쉽게 알 수 있다. 이 동작에서는, 회전을 시작한 시점에서부터 축각의 무릎과 뒤쪽 허리,

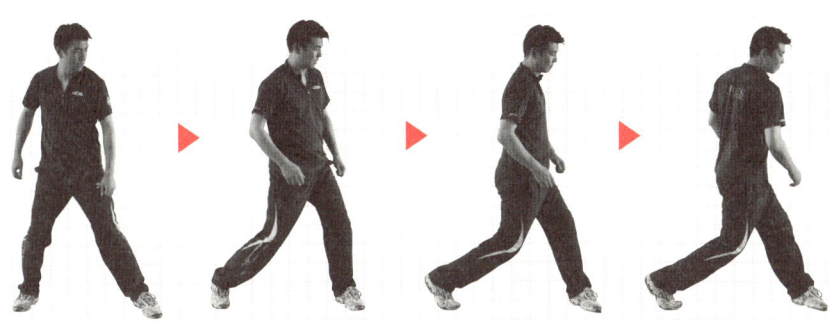

사진 1-6 두 다리의 한가운데를 축으로 삼아 골반을 회전시킨 경우(옆면)

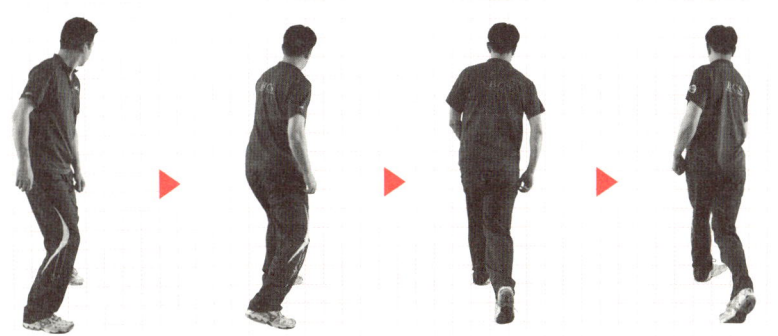

사진 1-7 두 다리의 한가운데를 축으로 삼아 골반을 회전시킨 경우(뒷면)

뒤쪽 어깨가 일제히 멀리 도는 방향(발끝이 향하고 있는 방향)으로 움직이기 때문에 스윙을 시작할 때 그립이 처음 향하는 방향도 저절로 멀리 돌아가게 된다.

다음에, 두 다리의 한가운데를 축으로 삼아 골반을 회전시키는 경우인데, 두 다리 사이에 축이 있을 경우 앞쪽 허리는 뒤쪽, 뒤쪽 허리는 앞쪽을 향하여 '팽이'처럼 호를 그리며 회전한다. 그렇기 때문에 〈사진 1-6〉은 〈사진 1-4〉의 동작과 비교해보면 뒤쪽 허리가 앞으로 나가기는 했지만 앞쪽 허리는 뒤쪽으로 당겨져 있다. 그리고 〈사진 1-7〉은 〈사진 1-5〉와 마찬가지로 축각, 허리, 상체의 모든 방향이 거의 동시에 바뀌고 골반은 '팽이'처럼 도는 것이니까 당연히 그 회전이나 그립이 처음 향하는 방향도 멀리 돌아간다.

마지막으로, 내딛는 다리를 축으로 삼아 골반을 회전시키는 경우인데, 이 경우에만 축이 되는 다리를 고정시킨 상태에서 골반을 고관절 위에서 회전시킬 수 있다. 〈사진 1-8〉을 보면 앞쪽 고관절(왼쪽 다리의 고관절)이 축이 되어 있기 때문에 뒤쪽 허리는 당연히 앞으로 나간다. 그리고 그 골반의 회전에 의해 발생하는 뒤쪽 허리의 이동 때문에 축각이 끌려 나가듯 발이 뒤집어지기 때문에 축각의 발 부분은 발바닥이 지면에서 떨어져 발끝으로 선 상태가 된다.

〈사진 1-9〉를 보면 뒤쪽 허리의 이동은 투수 방향을 향하여 직선에 가깝게 진행하고 있다는 사실을 알 수 있다. 내딛는 다리를 축으로 삼아 회전하는 것이라면 뒤쪽 허리가 멀리 돌 듯 움직일 수도 있지만, 이처럼 뒤쪽 허리를 직선으로 진행시키는 방법은 내딛는 다리를 축으로

사진 1-8 내딛는 다리를 축으로 삼아 골반을 회전시킨 경우(옆면)

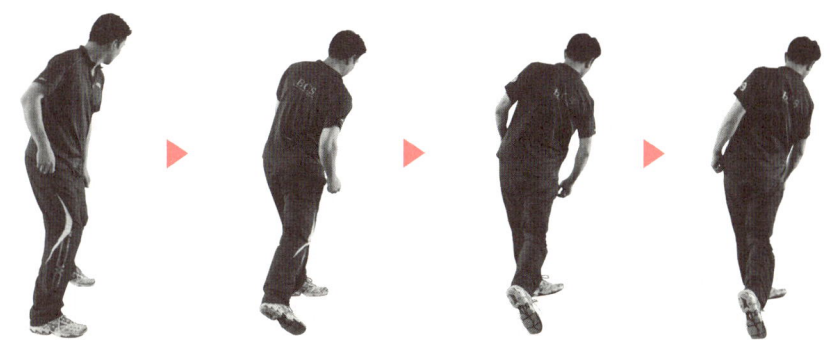

사진 1-9 내딛는 다리를 축으로 삼아 골반을 회전시킨 경우(뒷면)

삼아 골반을 회전시키는 경우에만 실현할 수 있다.

또 〈사진 1-9〉인 경우에만 얼굴의 방향이 바뀌지 않는다는 사실도 알 수 있다. 그 이유는 뒤쪽 허리가 직선으로 움직이기 시작하는 순간에 잠깐 동안 골반과 상체도 옆을 향한 상태를 유지한 채 진행한 뒤에 내딛는 다리가 지탱점이 고정되고, 상체는 상체대로 등뼈를 축으로 삼아 두 어깨를 교체시키는 동작이 발생하기 때문에 얼굴의 방향이 옆 방향을 유지했던 상태가 바뀌지 않는 것이다. 〈사진 1-5, 1-7〉처럼 발에서부터 전신이 일체를 이루고 방향을 전환하는 회전동작으로는 불가능하다.

앞에서 설명한, '움직이기 시작하는 순간에 잠깐 동안 골반과 상체도 옆을 향한 상태를 유지한 채 진행'한다는 것은 매우 중요한 부분이다. 즉 뒤쪽 어깨와 그립은 멀리 도는 것이 아니라, 양쪽 모두 움직이기 시작한 시점에서 투수 방향으로 잠깐 동안 직선으로 진행하는 것이다. 이런 움직임에 의해 배트를 신체 가까운 곳에서 내미는(어깨의 끝에서 즉시 떨어지지 않는), 이른바 '안쪽에서 내민다'는 동작이 가능해져 인코너 공에는 재빨리 배트를 내밀 수 있고, 아웃코너 공은 반대 방향으로 밀어낼 수도 있는 것이다. 그뿐 아니라 뒤쪽의 옆구리를 움츠려 배트를 낮게 내밀거나, 그대로 높게 내미는 등 높낮이의 조절도 가능해진다(얼굴의 방향이 움직이지 않는다는 점이나 배트를 내미는 방법의 메커니즘에 관한 상세한 내용은 뒤에서 설명한다).

내딛는 다리로 체중을 옮기고 그 고관절을 축으로 골반을 회전시켜야 한다고 말하는 가장 큰 이유는 이 때문이다. 뒤쪽 허리를 직선으로 이동시키는 방법은 내딛는 다리를 축으로 삼아 골반을 회전시키는 경우에만 가능한 동작이며, 뒤쪽 허리의 직선 이동이 없으면 스윙을 시작할 때 '배트를 안쪽에서 내민다'는 이른바 '인사이드 아웃' 스윙은 할 수 없다.

3. 골반 회전동작의 구조

뒤쪽 허리가 투수 방향으로 직선으로 나아가는 동작의 구조에 관하여 좀 더 자세히 살펴보자.

뒤쪽 허리가 투수 방향으로 직선으로 나아가는 경우, 그 뒤쪽 허리가 지나는 길을 만들어주기 위해 앞쪽 허리를 엉덩이 방향으로 '물러나게 한다'고 표현하는 경우가 있다. 이 말 자체는 잘못된 것이 아니지만 '물러나게 한다'거나 '비켜 놓는다'는 생각만이 앞서고 어떤 식으로 움직이는 동작인가 하는 구조 부분은 충분히 이해하지 못해서 '열린다'나 '힘을 뺀다'와 구별하지 못하여 부정적으로 받아들여지는 경우가 있다.

이 동작은 본래 골반 회전의 지탱점이 되는 내딛는 다리의 고관절에 대하여 뒤쪽 허리를 멀리 돌리지 않고 최소한의 회전 반경을 이용해서 앞으로 진행시키기 위한 것이기 때문에, 그 전제조건으로서 내딛는 다리를 지탱점으로 삼은 골반 회전동작을 실시하지 않으면 의미가 없다. 즉 축각에 중심을 남겨둔 채 '물러나게 한다'거나 '비켜 놓는다'는 동작만 실행하려 하면 앞쪽 허리가 뒤쪽으로 당겨져 버리는 것이다.

〈사진 1-10〉은 뒤쪽 허리를 완전히 직진시켜 골반을 간결하게 회전시켰을 때의 하반신 동작을 손으로 보조하면서 실현한 것이다.

내딛는 다리가 골반의 움직임에 억제되어 쉽게 움직일 수 없도록, 앞손(투수 쪽의 손)으로 허벅지 옆면을 고정하면서 뒷손(포수 쪽의 손)으로 내딛는 다리의 고관절을 엉덩이 쪽으로 강하게 밀어 넣어, 골반이 회전할 때 고관절을 닫아가는 움직임을 강화한다. 이때 앞손의 힘은 내딛는 다리를 조이는 방향으로 작용하면서 뒷손의 손가락이 고관절에 깊이 파고드는 모양이 된다. 다만 내딛는 다리를 조이는 형식으로 힘을 쓰더라도 다리를 축으로 삼아 고정하여 안쪽 방향으로는 움직이지 않도록 한다. 〈사진 1-10〉의 후반부를 향하여 점차 두 손이 겹쳐지면서 내딛는 다리의 뿌리 부분이 깊이 닫혀가는 모습을 자세히 보면, 고관절이 내선[內旋](안쪽으로 도는 회전) 가동 영역을 한계까지 활용했다는 사실을 알 수 있을 것이다.

그리고 골반의 움직임은, 우선 옆 방향을 향한 채 내딛는 다리 쪽으로 미끄러뜨리고(여기에서는 스텝을 밟지 않고 움직이는 것이기 때문에 특히 필요한 부분), 그 움직임에 의해 직선으로 진행한 뒤쪽 허리를 그대로 직진시키면서 고관절이 깊이 파고듦에 따라 서서히 앞쪽을 향하여 가장 작은 반경을 그리며 회전한다.

이처럼 골반이 옆 방향을 유지한 채 내딛는 다리 방향으로 이동하는 '슬라이드 동작'부터 시작하여 뒤쪽 허리가 직선으로 진행하기 때문에 바깥쪽 공에 대해서는 회전을 도중에 멈출 수 있고, 안쪽 공에 대해서는 보다 빠른 속도로 완전히 회전시킬 수 있는 것이다.

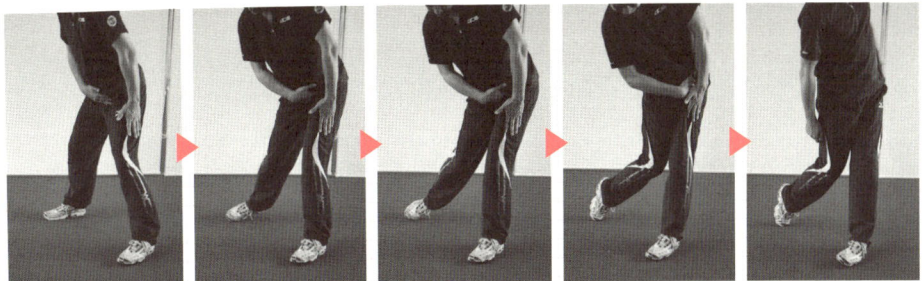

사진 1-10 뒤쪽 허리를 직진시킨 간결한 골반 회전동작(비스듬히 정면)

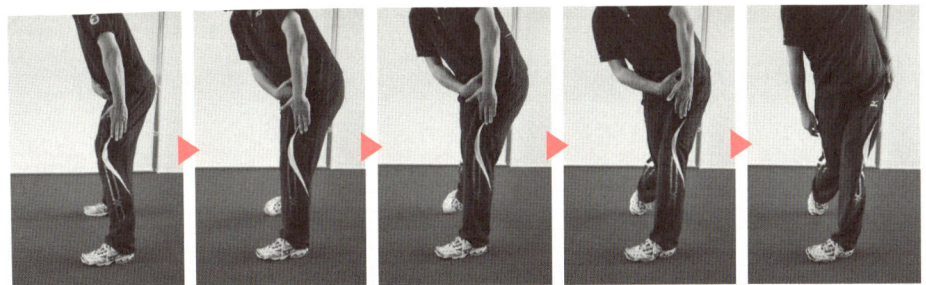

사진 1-11 뒤쪽 허리를 직진시킨 간결한 골반 회전동작(정면)

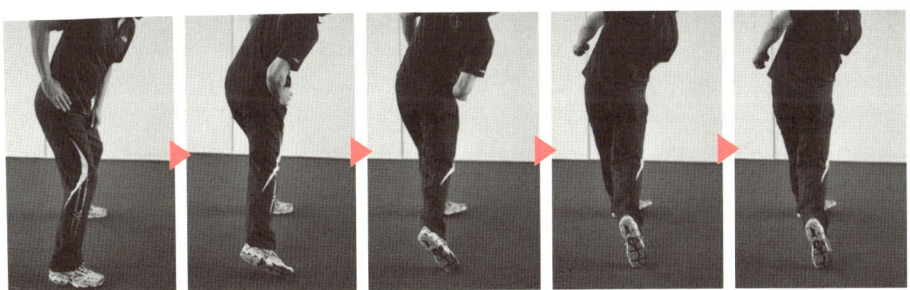

사진 1-12 뒤쪽 허리를 직진시킨 간결한 골반 회전동작(뒷면)

한편 이 뒤쪽 허리의 직선 이동에 빼놓을 수 없는 것이 내전근(內轉筋, adductor(안쪽 허벅지 근육)의 움직임이다. 〈사진 1-10〉을 보면, 골반이 움직이기 시작하면서부터 내전근이 축각의 안쪽 허벅지를 투수 방향으로 조이는 동작에 의해 축각의 무릎이 일단 옆 방향을 향한 채 내딛는 다리 쪽으로 다가간 후에 골반의 회전에 의해 투수 방향으로 방향이 바뀐다는 사실을 알 수 있다. 축각 내전근의 이런 움직임은 뒤쪽 허리가 멀리 돌지 않고 직선으로 이동해 가기 위한 방향성을 리드하는 형식으로 최소한의 반경을 이용해서 골반을 회전시킨다. 만약 내전근이 느슨한 상태에서 회전을 하면 골반은 반드시 멀리 도는 현상이 발생한다.

다만 축각의 이런 움직임은 어디까지나 안쪽 허벅지를 조여 느슨해지지 않도록 누르고 있을 뿐이며, 축각의 무릎을 내딛는 다리의 무릎 쪽에 빨리 갖다 붙이려는 것은 아니다. 그런 식으로 움직이면 무릎만 먼저 이동하는 것으로 끝나버리기 때문에 움직이는 순서가 바뀌면서 뒤처진 골반은 회전하는 움직임을 멈추게 된다. 안쪽 허벅지가 조여져 투수 방향을 향한 뒤쪽 허리의 진행이 한정되면, 내딛는 다리 쪽 고관절에서의 골반 회전에 의해 뒤쪽 허리가 직선으로 앞으로 끌려나오고, 축각은 그 움직임에 이끌려 뿌리 부분부터 차례로 방향을 바꾸어가는 것이다.

이상의 내용을 살펴보면, 뒤쪽 허리를 직선으로 진행시키기 위해 앞쪽 허리를 엉덩이 방향으로 '물러나게 하는' 움직임은 말처럼 단순한 동작이 아니라는 사실을 이해할 수 있을 것이다. 내딛는 다리의 고관절이 엉덩이 방향으로 파고들면서 골반이 회전하는 과정에 의해 허리뼈가

'물러난' 위치로 이동하기는 하지만, 내딛는 다리는 간단히 열리지 않고 고관절 내선가동 영역의 한계까지 골반이 회전을 하는 지탱점으로서의 역할을 다하게 되며, 거기에 뒤쪽 허리가 직선으로 부딪혀 가는 형식으로 완전한 회전이 이루어지는 것이다. 그 때문에 앞쪽 허리가 엉덩이 방향으로 '물러난다'고 해도 힘이 빠지는 현상은 발생하지 않는다. 그리

사진 1-13 효과적인 골반 회전동작을 실천한 스윙(비스듬히 정면)

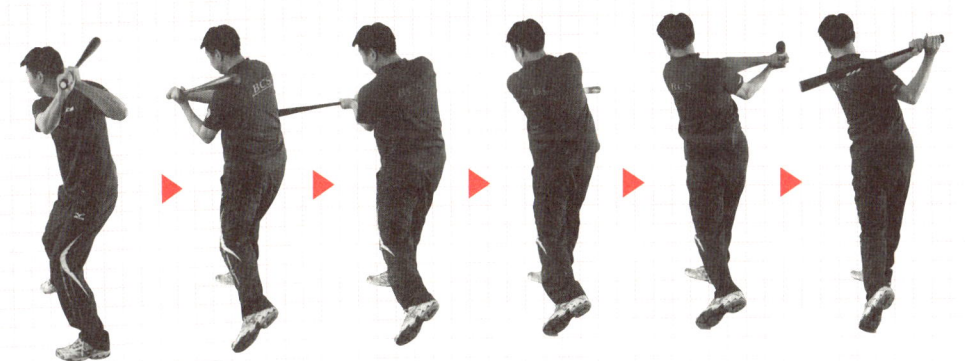

사진 1-14 효과적인 골반 회전동작을 실천한 스윙(뒷면)

고 이 움직임에 의해 완성되는 것이 '벽壁'이라고 불리는 자세다.

  일부에서는 몸을 회전시키지 않고 옆 방향을 향한 채 멈춘 상태에서 타격하는 것을 '벽'이라고 잘못 말하거나, 회전을 위해 '물러나는' 움직임을 '벽'의 존재를 부정하는 것이라고 잘못 이해하고 있는 경우도 있다. 그러나 '벽'이란 내딛는 다리가 골반 회전의 지탱점으로서의 역할을 다하고, 거기에 뒤쪽 허리가 직선으로 부딪혀 가는 과정을 통하여 보다 날카로운 골반 회전과 '열리지 않는' 자세를 양립시키는 것이며, '배트를 안쪽에서 내미는' 스윙 동작에 필요한 골반의 '슬라이드 동작'에 의한 움직임 등 효과적인 하반신 동작을 실시한 결과로 얻을 수 있는 자세다.

  〈사진 1-11〉은 〈사진 1-10〉의 움직임을 정면에서 본 것이고, 〈사진 1-12〉는 그와 같은 골반 회전동작을 뒷면에서 본 것이다. 이를 통해 뒤쪽 허리가 멀리 돌지 않고 직선으로 진행하는 모습을 이해할 수 있을 것이다. 그리고 〈사진 1-13, 1-14〉는 〈사진 1-10~1-12〉의 하반신의 움직임을 실천하고 있는 스윙 동작이다. 체조처럼 실시하고 있는 〈사진 1-10~1-12〉와 비교하면 손동작이 없는 만큼, 회전을 하는 중간 지점에서 '벽'을 유지하는 모습이 약간 느슨해 보이지만 내딛는 다리가 지탱점으로 고정되어 있고, 그곳에 뒤쪽 허리를 직선으로 진행시킨다는 구조는 똑같다.

4. 내딛는 다리의 '말리는' 현상에 관하여

〈사진 1-10~1-14〉를 보면 피니시에서는 내딛는 다리의 발 부분이 약간 말려 새끼발가락 쪽으로 지탱하고 있다는 사실을 알 수 있다. 이 상태를 보고 "힘이 빠지지 않도록 확실하게 버텨라!"라는 식으로 말하지만, 이것은 내딛는 다리의 발에 투수 방향으로의 직선적인 힘이 작용하고 있다는 증거다. 내딛는 다리가 지탱점이 되고, 간결한 골반 회전에 의해 직선으로 중심이 진행되면서 허리가 충분히 회전한 결과로서 발생하는 현상이기 때문에 오히려 '이렇게 되어야 하는' 상태인 것이다.

고관절의 내선가동 영역은 일반적으로 45도 정도이기 때문에 고관절 위에서 골반을 회전시키는 움직임만으로는 골반을 완전히 회전시킬 수 없다. 그 때문에 골반이 고관절 내선가동 영역의 한계를 넘어 회전하게 되면 그 골반의 움직임에 의해 내딛는 다리는 발 부분에서 옆 방향 상태를 유지할 수 있지만, 위로 올라갈수록 골반 움직임의 영향에 의해 회전 방향으로 비틀려 앞쪽을 향하게 된다. 이것이 앞쪽 허리가 옆으로 '물러나는' 움직임의 구조이며, 이 '물러나는' 움직임에 의해 골반이 회전하는 방향으로 고관절 내선가동 영역의 부족한 회전이 보충된다. 그래도 완전한 회전을 하기에는 아직 부족하기 때문에 발이 '말리는' 현상이 발생하는 것이다.

다시 말해 내딛는 다리의 고관절을 축으로 삼아 골반이 완전히 회전을 하면 발이 '말리는' 현상은 반드시 발생하며, 그 '말리는' 상태는 '힘이 빠지기는'커녕 오히려 중심이동이나 회전력을 새끼발가락으로 받아내어 완전히 '말린' 상태에서 멈춘다. 만약 이 '말리는' 현상이 발생하지 않도록 스윙을 한다면 골반은 절대로 완전한 회전을 이룰 수 없다. 발이 '말리지 않는' 것보다 골반을 충분히 회전시키는 것을 당연히 우선해야 한다.

이런 점에서 볼 때, 만약 힘이 빠질 가능성이 있다면 그것은 발이 회전 방향으로 '벗어난' 경우다. 다만 그 움직임도 '말리는' 현상의 연장선에 있으며 힘을 완벽하게 받아낸 상태이기 때문에 팔로우 스루follow through에서 버틸 수 없어 '벗어난' 것이라면 특별히 문제가 될 것은 없다. 풀 스윙을 하면 그 정도 현상은 일반적으로 발생한다.

발이 '벗어나는' 현상에 있어서 문제가 되는 것은 '말리는' 움직임이 거의 없이 '벗어나는' 경우다. 그 이유는, '말리는' 현상은 내딛는 다리의 지탱점을 향하여 뒤쪽 허리가 직선으로 진행하여 완전한 회전을 이루었다는, 골반이 효과적으로 움직였다는 증거인데 그런 현상이 발생하지 않고 회전 방향으로 '벗어나는' 현상만 발생한다는 것은 축각 위나 두 다리 사이에서 중심의 이동이 거의 없이 멀리 돌아가는 회전만 발생했다는 증거이기 때문이다.

이때 발바닥이 전부 지면에 붙은 채 '벗어난다'거나, 발뒤꿈치 이외에는 거의 지면에서 떨어지지 않은 상태에서 '벗어나는' 현상이 전형적인 예다. 전자의 경우에는 처음부터 끝까지 두 다리에 균등한 하중이 실린 상태에서 회전을 했다는 것이기 때문에, 상체를 수직으로 세우고 두 다리의 한가운데에서 마치 '팽이'가 돌 듯 그 자리에서 몸 전체의 방향을 동시에 바꾼다는 데에 원인이 있다. 후자의 경우에는 내딛는 다리에는 체중이 거의 실리지 않았다는 것이기 때문에, 축각에 체중을 실은 채 그 축각 위에서 회전하듯 스윙을 하고 있다는 데에 원인이 있다. 이런 경우에 발끝이 투수 방향보다 더 회전을 하여 '벗어나는' 현상이 나온다.

5. 무지구拇指球*는 사용하지 않는다
*무지구: 엄지발가락 밑부분의 불룩한 곳

　흔히 "축족軸足(축이 되는 다리의 발) 엄지발가락의 무지구로 버텨라!"라는 말을 하는데 모든 사진이나 영상을 보아도 폼이 제대로 된 경우 축족은 반드시 완전히 발끝으로 서 있으며, 무지구로 지탱하고 있는 선수는 찾아볼 수 없다. 그럼에도 불구하고 이런 말을 하는 이유는 '발로 확실하게 버티지 않으면 힘을 낼 수 없다'거나 '뒤에 남긴다', '무지구가 중요하다' 등의 고정관념에 얽매여 있기 때문이다.

　'발로 확실하게 버티지 않으면 힘을 낼 수 없다'는 것은 정지 상태에서 힘을 비교할 때에만 해당된다. 타격 동작이라면 임팩트 자세에서 배트를 손으로 밀어내는 경우 등이다. 그런데 "무지구로 버티지 않으면 힘을 낼 수 없다"고 말한다면 회전을 거의 하지 않고 '발뒤꿈치를 붙인' 쪽이 더 힘을 낼 수 있고, 배트의 중심 부분 가까운 쪽으로 최대한 짧게 잡는 쪽이 더 큰 힘을 낼 수 있다는 의미가 되기 때문에, "발바닥을 땅에 붙이고 배트를 최대한 짧게 잡은 상태에서 타격을 해야 타구가 멀리 날아간다"는 식으로 받아들이게 된다.

애당초 '무지구로 버틴다'는 말 자체가 맞지 않는다. 사실 무지구는 회전이 발생하는 부분이다. 회전을 한다는 것은 지면과의 마찰을 줄인다는 의미이며, 마찰을 줄인다는 것은 그 부위에서 체중을 뺀다는 뜻이다. 그러니까 무지구로 버티는 것처럼 보이더라도 실제로 무지구에 강한 힘을 주어 버티는 것은 회전이 끝난 이후다.

사진 1-15 배리 본즈 선수의 스윙

회전이 끝난 이후에 무지구로 지탱하는 동작은 내딛는 다리를 지탱점으로 삼아 회전하는 선수에게서도 가끔씩 볼 수 있다. 이미지상으로 '뒤축 회전'을 보여주는 대표적인 선수인 배리 본즈 Barry Bonds가 그 전형적인 예다. 배리 본즈는 머리의 위치를 상당히 뒤쪽에 남겨두고 스윙을 하기 때문에 스윙을 한 이후에 균형을 잡기 위해 무지구로 지탱하는 움직임을 보이지만, 임팩트에서의 축족은 완전히 발끝만 지면에 닿아 있는 모습을 보여준다(사진 1-15). 축각은 뒤쪽 허리에 이끌려 움직이기 때문에 발끝만 지면에 닿아 있다는 것은 내딛는 다리를 지탱점으로 삼아 뒤쪽 허리가 앞으로 진행되었다는 증거다. 이처럼 뒤쪽에서 회전하고 있는 것처럼 보이는 선수라고 해도 적어도 배트를 휘두르기 시작한 이후부터 임팩트까지는 내딛는 다리를 지탱점으로 삼아 뒤쪽 허리를 앞으로 진행시키고 있으며, 무지구로 버티는 경우는 없다.

사진 1-16 무지구로 버티면 축각이 뻗어 허리가 완전한 회전을 이루지 못한다

    무지구를 중요시하는 사고방식은 야구계에 뿌리 깊게 박혀 있지만 결코 만능이 아니다. 무지구는 신체를 앞쪽이나 비스듬히 앞쪽(다리가 열리는 방향으로 내딛는 비스듬히 앞쪽)으로 옮기려 할 때 지면을 밀어내는 포인트로 작용하는 부위다. 따라서 회전 자체에는 도움이 되지 않는다. 만약 도움이 되는 것처럼 느껴진다면 그것은 회전을 하면서 밀어내고 있다는 뜻이다. 그리고 다리를 교차시켜 옆으로 진행할 때에는 새끼발가락 쪽의 소지구小指球(새끼발가락 밑부분의 불룩한 곳)가 작용하고, 백스텝에서는 발뒤꿈치가 지면을 밀어내기 때문에 발바닥에서 중요한 것은 무지구만이 아니다.

    무지구가 지면을 밀어내는 포인트라고 하는 이유는, 지면으로부터의 힘을 무지구로 받아 골반이나 체간體幹(몸의 중심축을 이루는 부분)에 작용시키려 할 때 다리를 뻗는 움직임과 반드시 관련이 있기 때문이다. 따라서 스윙을 할 때 무지구로 버티려 하면 〈사진 1-16〉처럼 축각이 뻗어 허리가 완전히 회전하지 못하는 상태에서의 스윙이 되어버린다. 본래 뒤쪽 허리에 이끌려 뒤집어져야 할 축족이지만, 지면에서 벗어나지 않도록 버티는 것이기에 뒤쪽 허리의 이동은 도중에서 멈추게 되고, 허리는 당연히 완전한 회전을 이루지 못한다.

6. 축족을 뒤집는 방식

    그렇다면 어떻게 해야 축족은 발끝만 지면에 닿는 상태로 뒤집히는 것일까. 〈사진 1-10~1-12〉를 다시 한 번 살펴보자. 회전을 시작하는 시점에서는 축족이 일단 옆 방향으로 쓰러져 엄지발가락 안쪽만이 지면에 닿아 있는 상태가 되어 있다. 이 움직임은 뒤쪽 허리가 멀리 도는 방향으로 진행되면 발생하지 않는다. 뒤쪽 허리가 움직이기 시작할 때 투수 방향으로 직선으로 진행하기 때문에 축족이 그 움직임에 이끌려 일단 옆으로 쓰러지는 것이다. 이때 발뒤꿈치가 약간 뜨는 이유는 뒤쪽 허리의 직선 이동과 동시에 골반도 회전하기 시작했기 때문이다(골반의 '슬라이드 동작'은 실제로는 완전히 옆 방향인 상태에서 이동하지는 않는다). 이 시점에서 이미 무지구뿐만 아니라 발바닥 전체가 지면에서 완전히 떨어져 버린다. 즉 발끝만 닿아 있는 상태가 된다. 그리고 이후의 골반 회전에 의해 축각은 뿌리 부분부터 차례로 투수 방향으로 향하기 때문에 골반이 완전한 회전을 이룰수록 발뒤꿈치는 지면에서 떨어진다.

    이런 점을 생각하면 효과적인 허리 회전이 이루어지는 경우 축족은 움직이기 시작하는 시점에서부터 발의 모든 부분이 앞쪽으로 진행하며 (사진 1-17). 거기에 비하여 무지구 부위로 축족을 회전시키는 움직임에서는 단순히 그 자리에서 발의 방향만 바꾸는 동작으로 끝나버린다(사진 1-18).

〈사진 1-13, 1-14〉의 실제 스윙 동작에서 축족이 뒤집히는 방식을 보면, 스윙의 첫 동작(골반이 움직이기 시작하는 시점)에서 축족은 일단 옆 방향으로 쓰러져 엄지발가락 안쪽만이 지면에 닿아 있는 상태가 되며, 이 상태는 그 후에도 계속 이어진다는 사실을 알 수 있다. 이것은 실제 스윙에서 발이 옆으로 쓰러지는 동안에 골반이 회전을 끝내버렸기 때문이며, 뒤쪽 허리가 직선으로 투수 방향으로 진행하는 움직임에 의해 축각의 고관절이, 축족의 발끝에서 배터 박스 홈 베이스 쪽으로 그은 라인과의 평행선 위의 공간보다 안쪽으로 진행했다는 증거다. 만약 축각의 고관절이 발끝에서 그은 선 위의 공간을 진행하고 있다면 축족의 발뒤꿈치는 그 라인 위까지 들려져 발바닥은 수직으로 서게 되고, 발끝에서 그은 선 위의 공간보다 바깥쪽으로 진행하고 있다면(뒤쪽 허리가 호를 그리며 멀리 회전하는 것) 발뒤꿈치는 발끝의 바깥쪽까지 뒤집히며 축족은 반대로 쓰러져 새끼발가락 바깥쪽에서 지면을 지탱하는 상태가 된다(사진 1-19). 이처럼 축족은 뒤쪽 허리의 진행 방향을 반영하면서 뒤집히는 것이다.

이런 점에서 보면 골반을 회전시키기 위해 축각을 돌리려 해서는 안 된다는 사실을 알 수 있다. 특히 발바닥을 차거나 땅을 파듯 밀어내거나 비틀거나 지면으로부터 힘을 받으려 할 필요는 전혀 없다. 흔히 "축

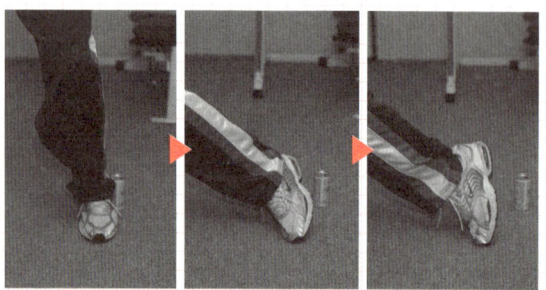

사진 1-17 효과적인 골반 회전동작에서의 축각 발 부분의 움직임

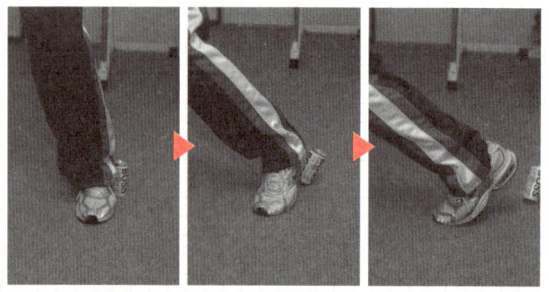

사진 1-18 무지구를 이용하여 축족을 회전시켰을 때의 발 부분의 움직임

사진 1-19 골반이 멀리 돌았을 때의 축각 발 부분의 움직임

각을 안쪽으로 비트는 힘이 허리의 회전을 날카롭게 만든다"거나 "회전력은 축각의 발바닥부터 무릎, 고관절, 허리로 전달된다"는 말을 들을 수 있는데, 이 말은 잘못된 것이다. 회전력을 발생시키는 근원으로 축각의 발바닥을 이용하려 하면 그야말로 버텨야 하는 상황이 발생하며, 뒤쪽 허리는 앞쪽으로 진행할 수 없다. 고관절의 내선동작은 가동 영역이 45도이기 때문에 축각을 안쪽으로 비트는 동작, 즉 축각을 안쪽으로

회전시키는 동작을 해도 공회전에 지나지 않을 뿐 골반에는 아무런 작용도 줄 수 없다.

  타격 동작에서 지면으로부터 힘을 받는 것은 스텝 동작의 힘을 받아내어 골반 회전의 지탱점이 되는 내딛는 다리다. 그리고 그 내딛는 다리의 지탱점을 향하여 뒤쪽 허리가 직선으로 앞으로 진행되며, 그 이동에 이끌려 축족이 뒤집히는 것이다. 그렇기 때문에 축족은 움직이기 시작하는 시점에서부터 안쪽으로 쓰러져 일단 엄지발가락 안쪽이 지면에 닿는 상태를 반드시 경유한다. 그리고 이런 구조로 골반 회전동작이 이루어졌을 때 뒤집힌 축족이 투수 방향으로 약간 움직이는 것은 당연한 현상이다.

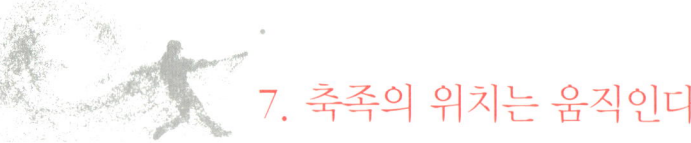

7. 축족의 위치는 움직인다

 '축족이 투수 방향으로 약간 움직인다'는 점에 관한 설명에서 하반신이 안정되지 않으면 힘을 낼 수 없는 것 아니냐는 의문을 가지는 분도 많이 있을 것이다. 하지만 그런 고정관념은 버려야 한다. 축족의 위치가 움직인다고 해도 중심이 앞쪽을 향해 직선으로 진행하는 방향에 내딛는 다리가 지탱점으로서 안정되어 있으면 균형은 충분히 안정되며, 힘의 손실은 발생하지 않는다.

 투구동작을 생각해 보자. 축족은 누구나 끌려 나가듯 움직이지만 그것이 균형이나 파워에 마이너스로 작용하는 경우는 없다. 그 이유는 내딛는 다리로 중심 이동의 힘을 받아, 그곳을 지탱점으로 삼아 골반이 회전해서 상체에 힘을 전달하고 있기 때문이며, 회전이 이루어지는 도중에 지면으로부터 힘을 받기 위해 축각이 움직이는 것은 아니기 때문이다. 타격에서도 마찬가지다. 만약 축족의 위치를 고정시키려 하면 중심이 앞쪽으로 이동되지 않고, 허리가 뒤로 빠져 내딛는 다리에 회전의 지탱점이 만들어지지 않으면 오히려 힘이 손실된다.

만약 머리의 위치가 움직이는 것이 걱정된다면 그 마음은 이해한다. 그러나 머리의 위치도 착지까지는 스텝에서의 골반 이동에 의해 약간은 움직이지만, 착지 후에 내딛는 다리의 지탱점이 확실하게 고정되고 배트를 내밀기 위한 상체의 회전동작이 등줄기를 축으로 날카롭게 이루어지면 스윙 도중에는 움직이지 않는다(제5장 5. '머리가 움직이지 않는다'는 표현의 실태 참조). 앞쪽으로 강한 타구를 치고 싶다면 당연히 중심이 앞쪽으로 나아가야 한다. 그렇기 때문에 축족의 위치가 움직였다고 해도 머리가 움직이지 않으면 아무런 문제도 발생하지 않는다.

가끔 "축각에 체중을 남겨두었기 때문에 타구가 멀리 날아갔다"는 해설을 들을 수 있는데, 이것은 역학적으로 있을 수 없는 일이다. 예를 들어 완전히 그 자리에서 회전하여 스윙을 하는 경우와, 축족의 위치가 어느 정도 움직이건 관계없이 마음껏 중심을 이동시키고 스윙을 하는 경우의 비거리를 비교하면 외야 플라이가 홈런이 되는 정도의 차이가 난다. 또 골프의 드라이빙 콘테스트Driving contest(드라이버 샷을 이용하여 공이 날아간 거리를 겨루는 경기) 선수들은 비거리를 더 늘리기 위해 야구에서의 타격 이상의 커다란 스텝으로 내딛는 다리 쪽으로 중심이동을 하기도 한다. 실제 타격에서 그 정도로 크게 중심을 이동시키는 경우는 없지만, 중심은 조금이라도 앞쪽으로 이동시켜야 한다.

그렇다고 축족을 질질 끄는 것이 좋다는 말은 아니다. 축족의 위치가 움직여서는 안 된다는 고정관념을 버리라는 뜻이다. 그 이유는 내딛는 다리에 회전의 지탱점을 만들고 뒤쪽 허리를 그곳으로 직선으로 진행시켜 가는 회전동작을 가장 우선해야 하기 때문이며, 또한 '축족은 움직여서는 안 된다'는 고정관념이나 '축각에 체중을 남긴다'는 잘못된 인식을 가지게 되면 효과적인 동작을 연습하는 데에 방해가 되기 때문이다.

축족은 뒤쪽 허리의 직선 이동에 이끌려 움직이며 엄지발가락 안쪽만이 지면에 닿아 있는, 다시 말해 발끝만으로 서 있는 상태로 뒤집힌다. 허리의 직선 이동에 이끌려 발끝까지 뒤집힌다면 그 흐름 속에서 위치가 달라지는 것은 자연스러운 현상이다. 그렇기 때문에 축족의 위치가 움직이건 움직이지 않건 골반의 움직임만 올바르게 이루어진다면 아무런 상관이 없다.

굳이 이런 설명을 하지 않더라도 실제 타격 동작을 좀 더 자세히 관찰해보면 쉽게 알 수 있다. 골반을 충분히 회전시킨 동작이라면 축족의 위치는 대부분 약간 움직인다.

이처럼 동작을 관찰하면 즉시 알 수 있는 현상임에도 불구하고 "축족은 움직이지 말고 버텨야 한다"거나 "축각에 체중을 남기려면 축각 위에서 회전을 해야 한다"는 식의 잘못된 인식이 상식처럼 사용되고 있는 이유는 '축각'이라는 말에도 문제가 있는 듯하다. '축軸'이라는 말은 아무래도 '고정해야 할 필요성'과 '회전의 중심'이라는 이미지를 떠올리게 한다. 축각은 투구이건 타격이건 중요한 운동에 이르기 전의 중심이동을 위해 그곳에 일단 체중을 확실하게 실은 뒤에 앞으로 진행시키는 것이 올바른 역할인데, 동작의 구조로 볼 때 고정되어야 할 필요가 있고 골반 회전의 중심으로 작용해야 하는 진정한 의미에서의 '축각'은 내딛는 다리이다.

해석의 이런 차이는 현 야구계 전체에 매우 중요한 문제다. 연습 스윙 단계에서 이것을 잘못 이해하면 효과적인 스윙 동작에 필요한 다른 신체 부위의 사용 방법들이 모두 잘못될 수 있는 매우 중요한 포인트이기 때문이다.

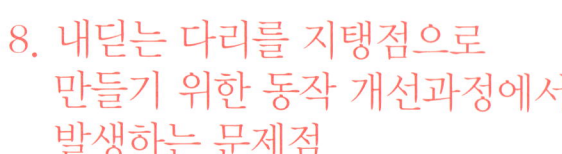

8. 내딛는 다리를 지탱점으로 만들기 위한 동작 개선과정에서 발생하는 문제점

 내딛는 다리를 지탱점으로 삼아 골반의 회전동작을 실행하려 하는 경우, 앞쪽으로 이동을 하기는 하지만 축각이 지나치게 끌려나와 회전과 스윙이 모두 둔해지거나 스윙을 할 때까지 머리가 크게 움직이는 등의 문제가 발생하는 선수가 반드시 나온다. 〈사진 1-20, 1-21, 1-22〉나 〈사진 1-23, 1-24〉 등의 동작이 그 예다.

 전자의 동작은 단순히 허리를 내밀고 있을 뿐이기 때문에 상체에는 배트를 내밀기 위한 등줄기에서의 축 회전이 발생하지 않아 스윙이 약해질 수밖에 없다. 또 허리를 내미는 동작은 내딛는 다리의 '벽壁'으로부터 벗어난 방향으로 중심을 진행시키는 것이기 때문에 축각이 지나치게 끌려나온다.

 후자처럼 멀리 도는 회전동작은 고관절의 내선가동 영역이 좁은 경우에 흔히 볼 수 있는 움직임이다. 회전을 시작해서 골반의 '슬라이드 동작'이나 축각의 안쪽 허벅지를 투수 방향으로 조이는 움직임, 내딛는 다리의 고관절을 깊이 닿아가는 고관절 내선의 움직임이 충분히 작용하

사진 1-20 단순히 허리를 내밀 뿐인 골반의 움직임(정면)

사진 1-21 단순히 허리를 내밀 뿐인 골반의 움직임(옆면)

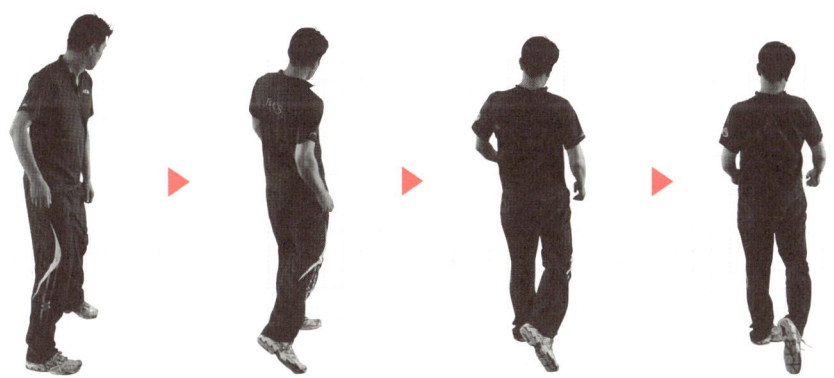

사진 1-22 단순히 허리를 내밀 뿐인 골반의 움직임(뒷면)

제1장 골반 회전동작의 메커니즘 ··· 47

지 않아 뒤쪽 허리를 직선으로 진행시킬 수 없기 때문에 발생한다.

골반의 '슬라이드 동작'이 없으면 체중은 내딛는 다리에 실릴 수 없고, 회전의 지탱점은 고정되지 않는다. 그리고 골반이 멀리 돌아 회전을 하면 상체와 골반은 하나가 되어 회전하면서 중심은 내딛는 다리의 '벽'으로부터 벗어난 방향으로 나아간다. 그럼에도 불구하고 무리해서 중심을 앞쪽으로 진행시키려 하면 회전을 하면서 몸 전체가 필요 이

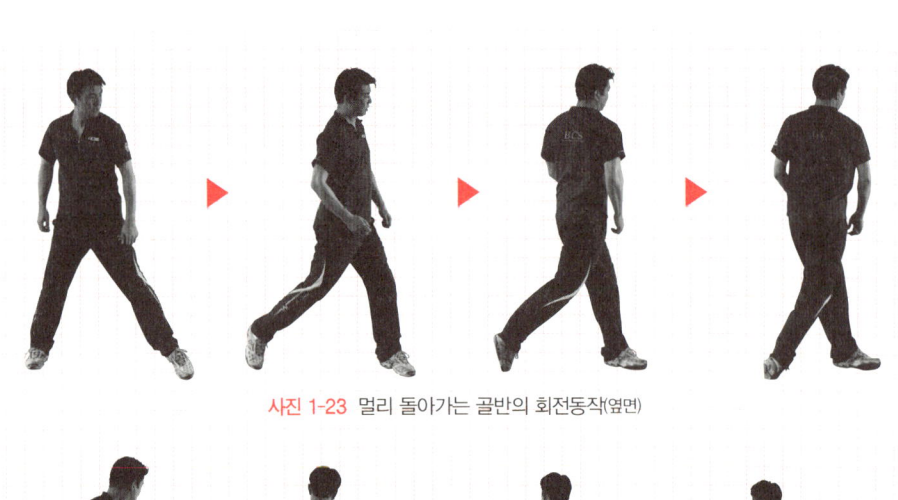

사진 1-23 멀리 돌아가는 골반의 회전동작(옆면)

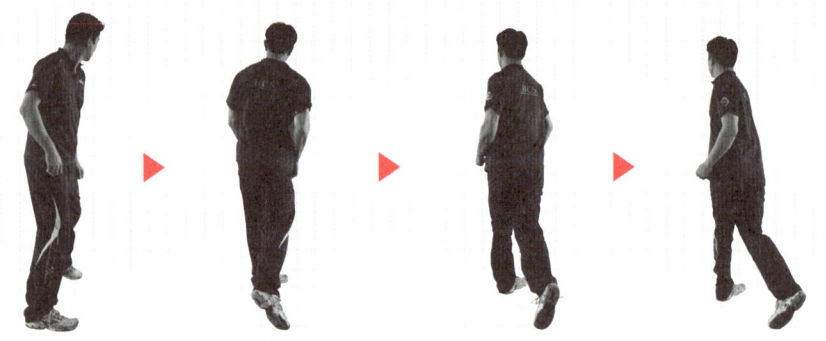

사진 1-24 멀리 돌아가는 골반의 회전동작(뒷면)

상으로 앞쪽으로 나가게 되고, 축각은 지나치게 이끌려 나오며, 머리의 위치도 크게 앞쪽으로 움직여버린다. 이처럼 멀리 도는 회전동작의 경우에 축각은 허리가 멀리 도는 움직임에 이끌려 홈 베이스 쪽으로 발끝보다 뒤꿈치가 더 쓰러지는 움직임이 나타난다.

다시 말해 선수들에게 이런 문제가 발생하는 이유는 체중을 앞쪽으로 진행시켜 내딛는 다리를 지탱점으로 삼아 골반을 회전시키려는 생각이 잘못되었기 때문이 아니라, 골반의 움직임을 비롯하여 실행해야 할 신체 사용 방법이 확실하게 실행되지 않았기 때문인 것이다.

따라서 효과적인 동작의 구조를 이해하고 "단순히 해야 할 동작을 제대로 하지 못하고 있는 것이구나"라고 받아들이지 않으면 "이래서는 안 되니까 뒤에 남겨야 한다"는 식으로 잘못 인식하게 된다. 그런 인식을 가져서는 아무리 노력을 해도 올바른 쪽으로 개선되지 않는다.

내딛는 다리의 고관절이 깊이 닫히는 듯한 내선동작이 충분히 이루어지고, 그 허벅지 뿌리 부분의 '벽'을 향하여 뒤쪽 허리가 직진을 하면서 완전한 회전이 이루어지면 축각을 이끌어내는 뒤쪽 허리는 '벽'에 의해 더 이상의 이동이 차단되기 때문에 축각이 지나치게 움직이는 현상이나 스윙이 약해지는 현상은 발생하지 않는다.

9. '무릎을 부드럽게'라는 말의 오해

 흔히 '무릎을 부드럽게'라는 말을 들을 수 있다. 모든 구질, 모든 코스에 대응하기 위해 이런 말을 하는 것은 이해하지만 내딛는 다리는 기본적으로 고정되어야 한다. 고정되어야 비로소 그곳이 골반 회전을 위한 지탱점이 될 수 있기 때문이다. 회전을 할 때 내딛는 다리의 무릎이 움직인다면 고관절에서의 날카로운 골반 회전은 발생하지 않으며, 두 무릎의 방향이 투수 방향으로 향하는 것과 동시에 골반과 상체 등 무릎 위쪽도 함께 방향을 바꾸어가는 회전동작이 되어버린다. 그렇기 때문에 '무릎을 부드럽게'라는 말은 내딛는 다리가 '버팀목'처럼 체중 이동의 방해가 될 정도로 '무릎을 버텨서는 안 된다'는 의미라고 받아들여야 한다. '무릎을 부드럽게'라는 이미지를 가지는 것은 나쁘지 않지만 그것 때문에 실제로 발생하는 동작이 무릎으로 온몸의 회전을 유도하는 식이 되어서는 안 된다는 것이다.
 이미지에서 말하는 '무릎을 부드럽게 사용한다'는 장면은 변화구 등에 '휘둘렸을' 때 '버텨야 하는' 경우다. 그러나 착지한 이후에 내딛는 다

사진 1-25 축각의 안쪽 허벅지를 조여 무릎 안쪽을 투수 방향으로 붙이는 동작

사진 1-26 무지구로 버텨 골반이 멀리 돌아 회전하는 동작

리의 고관절 부위로 중심을 받아내지 않으면 체중의 이동을 감수하기는 어렵다. 고관절이 아닌 무릎으로 받아내려 하면 이동하는 힘에 간단히 밀려버린다. 따라서 변화구 등에 '휘둘렸을' 때에만 평소보다 무릎을 약간 구부린다는 정도로 '무릎을 부드럽게'라는 말을 받아들여야 하며, 중심 이동의 힘을 받아내야 하는 부위는 고관절 부위(엉덩이 근육)라는 사실을 명심해야 한다.

또 다른 견해로 본다면 '무릎을 부드럽게'라는 말에서 시사하는 본보기 동작은 옆 방향을 향한 채 무릎을 투수 방향으로 '보내는' 동작이 대부분이기 때문에 〈사진 1-25〉처럼 축각의 안쪽 허벅지를 조여 무릎 안쪽을 투수 방향으로 붙이는 움직임이 '부드럽게'라는 말이 요구하는 동작이라고 말할 수도 있다. 그런 움직임이 없고, 뒤쪽 허리의 직선 이동이 없으면 허리와 상체는 반드시 동시에 멀리 돌아 회전을 하기 때문에 모든 구질이나 코스에 대응하기 어렵다. 또 〈사진 1-26〉처럼 무지구로부터 멀리 돌아 회전하는 동작은 경직되어 보이기도 한다.

어쨌든 내딛는 다리의 무릎이 부드럽게 움직여서는, 날카로운 골반 회전은 발생하지 않고 무릎 윗부분이 모두 동시에 방향을 바꾸는 식의 회전동작밖에 이루어지지 않기 때문에 효과적인 스윙을 할 수 없다.

제2장
미트 포인트 meet point에 관한 오해

...

미트 포인트meet point(배트가 투구를 때리는 지점)에 관해서는 '코스에 대응하여 정한다', '앞으로 정한다', '가깝게 정한다'는 등의 말을 들을 수 있다. 정확성이 높은 타격을 하기 위해 이 말을 정확하게 해석해야 할 필요가 있다. 진실은 무엇인지 결론을 알아보자.

1. '포인트를 가까이'의 진정한 의미

고등학교 야구에서도 150km의 직구가 나오고, 다채로운 변화구가 등장하는 시대다. 따라서 모든 팀, 모든 선수들이 다양한 구질에 대응하기 위해 고민하고 있을 것이다. 그 대책 중의 하나로 '포인트를 가까이'라는 말을 흔히 들을 수 있는데, 이 말은 '뒤에 남긴다'와 마찬가지로 오해를 받고 있는 경우가 매우 많다.

'포인트를 가까이'라는 말을 그대로 받아들여 '가능하면 포수 쪽에 가까운 곳에서 친다'는 의미라고 해석해버리면 근본적으로 이상한 스윙이 되어버린다. 그 이유는 정말로 '포인트를 가까이' 하려고 실행하는 스윙 동작이 기본적으로 공을 정확하게 포착하기 위한 스윙 동작에 필요한 신체 사용 방법과 대치되기 때문이다.

〈사진 2-1〉은 한가운데의 공을 칠 때의 포인트다. 이것을 '가까이' 하려면 어떻게 해야 좋을까. 방법은 팔을 구부리거나(사진 2-2), 손목을 꺾거나(사진 2-3), 몸의 회전을 어정쩡하게 만드는(사진 2-4) 것이다. 하지만 이런 자세들은 모두 한가운데의 공을 치는 데에는 부자연스러우며,

사진 2-1 한가운데의 공을 칠 때의 포인트   사진 2-2 팔을 구부리고 있다   사진 2-3 손목을 꺾고 있다   사진 2-4 몸의 회전이 어정쩡하다

이런 자세로는 정확하게 공을 포착할 확률이 낮아진다.

이것은 어떤 코스에 대해서도 마찬가지다. 본래 코스에 맞는 적절한 포인트가 있는데, 그 포인트를 바꾸면 바꿀수록 부자연스러운 스윙이 될 수밖에 없다. 즉 기본적으로 포인트를 가까이 할 수는 없는 것이다. '포인트를 가까이'라는 말은 어디까지나 이미지이며, 정말로 '가까이 해서 친다'는 의미는 아니다.

그렇다면 '포인트를 가까이'라는 말의 본래 의미는 무엇일까. '최대한 스윙의 시작을 늦춘다', '최대한 저지 포인트 judge point(칠 것인가 보낼 것인가를 판단하는 포인트)를 가까이 한다'는 의미다. '불러들인다', '끌어당긴다', '길게 본다'는 용어들도 이미지에 해당하는 용어들이다. 이런 말들이 의도하는 내용은 다양한 코스에 다양한 궤도로 다가오는 공을 확실하게 간파하고 어디를 향해서 배트를 휘두를 것인지를 정확하게 판단하기 위해 충분한 시간을 만든다는 뜻이다. 그리고 그 이후에 배트를 날카롭게 내밀어 코스에 맞는 적절한 포인트에서 타격을 하는 것이다.

그렇게 하려면 공을 최대한 가까이 '끌어당기고', '불러들이는' 식으로 스윙의 시작을 늦추더라도 배트가 날카롭게 앞으로 내밀어져 적절한 포인트에서 타격을 할 수 있어야 한다.

만약 이른바 '멀리 돌아가는' 스윙 궤도임에도 불구하고 최대한 가까이 '끌어당기고', '불러들여서' 공을 '길게 보고' 난 뒤에 스윙을 시작한다면 어떻게 될까. 당연히 타이밍을 맞출 수 없다. 반대로, 최대한 가까이 '끌어당기고', '불러들인' 뒤에 스윙을 시작한다고 하더라도 그때의 스윙이 이른바 '최단거리'의 스윙이라면 적절한 포인트에 맞출 수 있다. 그렇기 때문에 우선 '최단거리'의 군더더기 없는 스윙을 만들어야 한다. 먼저 이런 스윙 방법을 만들지 않으면 '공을 최대한 가까이 끌어당겨 스윙의 시작을 늦추는' 동작은 절대로 실행할 수 없다.

'포인트를 가까이'라는 말을 정말로 '가깝게' 하는 것이라고 오해하여 그것을 실천하려 하는 선수나 팀의 스윙의 특징을 보면 대부분 연습 스윙 단계에서부터 '몸의 회전이 어정쩡한' 스윙을 한다. 코스에 맞는 회전 폭이 아닌 어정쩡한 상태로 체간을 회전시키면 그만큼 빨리 팔이 움직이기 시작(뒤쪽 팔이 빨리 뻗기 시작)한다. 뒤에서 설명하겠지만, 체간의 회전동작을 충분히 사용하지 않고 뒤쪽 팔의 움직임이 스윙의 주역이 되는 것이 스윙 동작의 신체 사용 방법에서 가장 큰 문제다. '헤드가 멀리 돌아간다', '헤드가 숙여진다', '헤드가 빨리 젖혀진다' 등 나쁘다고 여겨지는 스윙 궤도를 유발하는 대부분의 원인이 거기에 있기 때문이다.

이 밖에도 '포인트를 가까이'라는 표현을 정말로 실천하려 하는 경우에 흔히 볼 수 있는 특징은 다음 세 가지로 요약할 수 있다.

①테이크 백take back에서 축각에 체중을 실을 때 가까운 포인트까지 공을 '불러들인다'는 이미지가 동작에 나타나 신체 전체가 지나치게 깊이 들어간다. ②처음부터 끝까지 축각에 체중을 남겨 두려 한다. ③자신의 신체의 바로 옆(자세를 잡았을 때 가슴이 향하고 있는 홈 베이스 쪽 방향) 정도의 지나치게 '가까운' 포인트를 향하여 배트를 내민다는 생각을 하기 때문에 낮게만 휘두르려 한다.

2. '포인트를 가까이'는 문제점을 악화시킨다

 한편 '포인트를 가까이'라는 말은 왜 나오는 것일까. 그 이유는 완급을 맞추어야 할 때나 바깥쪽으로 도망가는 변화구를 쳐야 할 때 충분히 기다리지 않거나 공을 맞추기 위해 손을 내밀어 마치 '헤엄치듯' 배트를 휘두르기 때문이다. 그렇다면 '포인트를 가까이'라는 말은 '헤엄치듯', '기다리지 않고' 등의 원인을 해결하는 방책이 되어야 한다.

 '헤엄치듯' 배트를 휘두르는 이유는 결코 포인트가 앞쪽에 있기 때문이 아니다. '헤엄치듯' 한 자세는 상체가 앞으로 숙여지는 것이기 때문에 언뜻 포인트가 앞에 있는 것 같은 느낌이 들지만 사실은 타이밍이 맞지 않는 공을, 또는 변화가 심해서 맞추기 어려운 공을 어떻게든 맞추려 하고 있을 뿐이다. 타이밍이 맞지 않는 것도, 변화가 심한 공을 억지로 맞추려 하는 것도, 기다리지 못하는 것도 모두 '스윙이 빠르다'는 것(그 중에서도 '팔을 빨리 내민다'는 것)과 '헤드가 빨리 젖혀진다'는 것이 원인이다. '스윙이 빠르다'는 현상은 스윙을 시작한 뒤에 임팩트에 걸쳐서의 '스윙 시간'이 길어지기 때문에 발생하며, 스윙 시간이 길어지는 이유는 스윙 궤도가 이른바 '멀리 돌아가는' 스윙이기 때문이다.

'멀리 돌아가는' 스윙일수록 스윙 시간은 길어지고 자연스럽게 스윙을 빨리 시작하게 되는데, 투수의 손에서 공이 떠나자마자 스윙을 시작하게 되면 공이 빠지거나 구부러지는 경우에는 제대로 대응을 할 수 없다.

반대로, '최단거리'의 군더더기 없는 스윙은 스윙 시간이 짧고, 스윙 시간이 짧을수록 공을 최대한 가까운 곳으로 '불러들인' 뒤에 스윙을 시작할 수 있기 때문에 완급에 휘둘리지 않고 모든 공에 대응하기 쉽다.

물론 스윙 속도의 우열도 스윙 시간에 달려 있는 문제이기 때문에 '멀리 돌아가는' 스윙을 하는 선수라 해도 스윙 속도가 빠르면 궤도에서의 결점을 보완할 수는 있다. 하지만 '멀리 돌아가는' 스윙은 반드시 헤드가 빨리 젖혀지기 때문에 결국 바깥으로 도망가는 변화구에는 약할 수밖에 없다.

여기까지의 설명을 통해서, 변화구에 대응할 수 없는 이유는 스윙이 '멀리 돌아가고' 있기 때문이거나 헤드가 빨리 젖혀지는 스윙이기 때문이라는 사실을 이해했을 것이다. 이 원인에 대한 상세한 설명은 뒤에서 다시 하겠지만, 단순화해서 생각해보면 착지 시점에서 "이제부터 휘두르자" 하는 테이크 백의 '톱Top' 자세에서 그립은 뒤쪽 어깨 부근에 있다. 이후 체간의 회전동작을 이용해서 배트를 내밀면 뒤쪽 어깨와 그립의 위치 관계는 바뀌지 않는다. 여기에 비하여 '톱'의 자세에서 체간의 회전동작을 일으키지 않고 팔이 먼저 움직이면 스윙을 시작하는 시점에서부터 배트는 몸에서 멀어져 간다.

이 두 가지 스윙 동작의 비교는 체간의 회전과 팔의 움직임의 관계를 양극단으로 보여주는 것으로, 본래는 어느 쪽에 더 가까운가 하는 정도의 차이다. 후자 쪽에 가깝고 팔의 움직임이 빠르면 빠를수록 배트는 '멀리 돌아가는' 식으로 휘둘려진다. 그리고 체간의 회전과 연동하여 배트를 내미는 움직임을 유도하는 것은 보텀 핸드bottom hand(배트의 그립 엔드grip end 쪽을 잡는 투수 쪽의 팔)인데, 회전을 하지 않고 팔이 움직인다는 것은 스윙의 대부분을 톱 핸드top hand(배트의 헤드 쪽을 잡는 포수 쪽의 팔)를 뻗는 동작으로 실행하고 있다는 뜻이다. 톱 핸드가 빨리 뻗으면 그만큼 배트의 헤드는 빨리 뒤집어지기 시작하며, 톱 핸드가 뻗기 시작한 뒤에는 스윙을 멈출 수 없다.

즉 변화구에 약한 근본적인 원인은 톱 핸드의 움직임이 스윙의 중심을 이루고 있고 배트의 헤드가 빨리 뒤집혀진다는 데에 있으며, 여기에 '멀리 돌아가는' 스윙이 더해지면 스윙을 빨리 시작하게 되어 변화구를 기다리지 않고 흐트러진 스윙을 하게 된다는 데에 있다. 그래서 도망가는 공에 대해 헤드가 빨리 젖혀지는 모습을 보고 "끌어당기지 말고 반대 방향으로 쳐라"라는 식으로 말하거나, 흐트러진 모습을 보고 "뒤에 남겨라!", "포인트를 가까이 잡아라"라는 식으로 말하는 것이다.

하지만 '포인트를 가까이'라는 이미지를 곧이곧대로 받아들여 실행하는 스윙은 몸의 회전을 어정쩡하게 만든다. 한가운데나 인코너의 공에 대해서도 아웃코너의 공에 맞는 포인트로 타격을 하는 듯한 스윙을 하기 때문에 당연히 그렇게 될 수밖에 없다. 그리고 몸을 충분히 회전시키지 않는 스윙을 되풀이하면 톱 핸드의 움직임이 스윙의 중심을 이루는 버릇이 배어 '멀리 돌아간다'거나 헤드가 빨리 젖혀지는 등 변화구를 칠 수 없는 원인이 해소되기는커녕 오히려 악화된다.

변화구에 약한 선수(실제로는 변화구뿐만 아니라 직구에서도 타격의 정확성이 결여되어 있는 선수)는 톱 핸드를 중심으로 배트를 조작하는 버릇을 개선하지 않는 한, 어떤 노력을 해도 표면상의 응급처치에 지나지 않기 때문에 근본적인 해결책이 되지 않는다.

'멀리 돌아간다', '헤드가 빨리 젖혀진다', '헤드가 숙여진다' 등 나쁘다고 여겨지는 스윙의 대부분은 뒤쪽 팔을 중심으로 배트를 조작한다는 데에 원인이 있다. 내가 지도해본 경험을 바탕으로 생각해보면 고등학생 정도까지의 대부분의 선수들이 오른쪽 타자라면 오른팔, 왼쪽 타자라면 왼팔이 당연히 동작의 중심을 이룬다. 그 원인을 그대로 두고 '뒤에 남긴다', '포인트를 가까이'라는 식으로 지적을 하면 그 나쁜 버릇을 개선할 수 있는 방향과는 역행하게 된다.

3. 타격의 기본을 포착하는 방법

　연습 스윙을 하는 도중에 '포인트를 가까이'라는 말을 의식하게 하면, 그 말대로 정말로 가까운 포인트를 향하여 스윙을 하게 된다. 이처럼 언뜻 보기에도 부자연스러운 스윙임에도 불구하고 그런 스윙 동작을 지시하는 이유는 '변화구에 약하다', '아웃코너에 걸친다' 등 특정 구질이나 코스에 약하기 때문이다. 하지만 그런 경향은 선수 각자의 스윙 궤도의 특징 때문에 나타나는 결과다. 그런데도 그런 스윙 궤도를 만드는 신체 사용 방법의 근본적인 원인을 개선하려 하지 않고, 표면적으로 보이는 '기다리지 않고 헤엄치듯 스윙을 하는 상태'나 '잡아끄는 상태'만을 바꾸려 하기 때문에 문제다.

　변화구에 약한 선수나 특정 코스에 약한 선수가 있을 때에 그 원인은 변화구용 타법이나 특정 코스용 타법을 구사하지 못하는 데에 있는 것이 아니다. 예를 들어 오랜 세월 동안 야구를 해온 선수나 지도자라면 선수의 연습 스윙을 한 차례 보는 것만으로도 그 선수가 어떤 구질과 코스에 약한지 알 수 있다. 그 이유는 한가운데의 직구에 대한 연습 스윙처럼 스윙 동작에서의 기본적인 신체 사용 방법이나 그 사용 방법에 의한 스윙 궤도의 특징 안에 이미 특정 구질이나 코스에 약할 수밖에 없는 원인이 보이기 때문이다. 즉 특정 구질이나 코스를 칠 수 없는 이유는 '스윙 동작의 기본적인 신체 사용 방법이 나쁘다'는 것이다. 그런데도 근본적인 원인은 무시하고 약한 부분에 대응하는 것에만 눈길을 주고, 그 결과로 나타나는 타격 상태를 수정해주기 위해 '뒤에 남긴다'거나 '포인트를 가까이'라는 식으로 말하는 것이다. 물론 그런 식으로 부분적인 수정을 해서 결과가 좋아지는 선수도 있을 수 있다. 하지만 근본적인 신체 사용 방법은 전혀 바뀌지 않기 때문에 더욱 팔만으로 휘두르는 스윙이 습관화된다. 설사 변화구에 어느 정도 대응할 수 있게 되었다고 해도 기본적인 스윙이 부자연스럽기 때문에 평범한 직구도 제대로 치지 못하는 경우가 증가하는 것이다. 이런 식의 타격 개선은 근본적인 원인은 무시하고 응급처치를 하는 데에 지나지 않는다.

따라서 변화구가 이렇다 저렇다 말하기 전에, 약간 빠르다고 느껴질 정도로 쭉 뻗는 한가운데 직구에 대해 실수 없이 거의 백발백중으로 타격을 할 수 있도록 확실하게 배트의 중심으로 타격을 할 수 있는 스윙 자세를 갖출 수 있는 방법을 생각해야 한다.

그렇게 하려면 배트가 내려가거나 빨리 뒤집히거나 '멀리 돌아가거나' 하지 않고 군더더기 없이 공을 향하여 내밀어져야 하며, 배트의 중심과 공의 중심이 정면충돌을 하듯 몇 번이라도 원하는 타격점으로 배트를 휘두를 수 있어야 한다. 이것이 타격의 기본이다.

이런 기본적인 스윙을 할 수 없는 상태인데 직구와 변화구의 콤비네

이선에 약하다는 이유에서 변화구용 타격 방법을 만들려다가 오히려 기본적인 스윙 자세를 무너뜨리는 결과를 낳는 경우가 꽤 많다.

기본적인 스윙 자세를 확실하게 갖추면 코스를 꽉 채우며 날아오는 공 이외에는 상당히 높은 확률로 타격을 할 수 있다. 또 그 스윙은 '멀리 돌지' 않으며 헤드도 빨리 젖혀지지 않는 '스윙 시간'이 짧은 스윙이기 때문에 스윙의 시작을 늦출 수 있고 변화구에도 적절하게 대응할 수 있다. 따라서 한가운데 직구에 대해 기본적인 스윙을 할 수 있는 신체 사용 방법을 확실하게 갖추는 것이 중요하며, 그 이후에는 오직 타격 연습을 통하여 모든 코스, 모든 구질에 대한 대응 능력을 연마하면 된다.

상당히 높은 수준에 이를 때까지는 이것만으로 대부분의 문제가 해결된다. 경험상 아마추어라면 어떤 단계에서도 보통 4할 이상을 칠 수 있다. 앞에서 설명한 "연습 스윙을 한 차례 보는 것만으로도 그 선수가 어떤 구질과 코스에 약한지 알 수 있다"는 말은 '결과는 타격 방법에 반드시 나타난다'는 뜻이다. 그러니까 우선적으로 해야 할 부분은 '동작을 만든다'는 것이며, 연습 스윙만으로도 상당한 실력 향상을 도모할 수 있다.

제3장

상체의 회전동작과 보텀 핸드의 중요성

좋은 타격 방법을 발견하려면 신체를 어떤 식으로 움직이는 경우에 배트가 공을 향하여 어떤 식으로 진행되고, 어디에 맞는지 알아야 할 필요가 있다. 여기에서는 스윙 궤도에 직접적으로 영향을 끼치는 상반신의 움직임과 스윙 궤도의 관계를 알아보자.

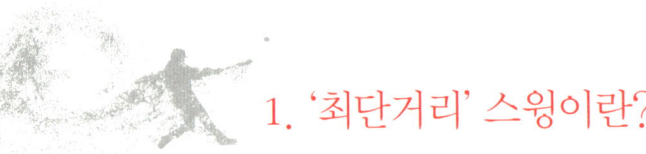

1. '최단거리' 스윙이란?

'최단거리' 스윙이라는 표현을 자주 하는데, 이 말은 배트의 헤드나 중심을 포인트까지 정말로 최단거리의 직선으로 진행시킨다는 의미가 아니다. 헤드가 포인트까지 불필요한 궤도를 그리며 휘둘러지는 '멀리 도는' 스윙에 대한 대의어로서, 스윙을 시작한 이후부터 임팩트까지 배트가 군더더기 없는 궤도를 그리며 가장 빠르게 앞쪽으로 진행되는 스윙을 가리키는 말이다. '최단거리' 스윙을 습득하는 것은, 최대한 스윙의 시작을 늦추고 충분히 공을 파악한 뒤에 타격할 수 있으며 모든 코스와 모든 구질에 적절하게 대응할 수 있는 확률을 높여주는 타격의 가장 중요한 과제다.

2. 상체 회전동작의 중요성

배트를 빨리 앞으로 휘두르기 위한 신체 사용 방법의 구조를 이해하려면 스윙을 시작하는 '톱'의 자세와, 배트를 가장 앞으로 진행시켜 임팩트를 해야 하는 인코스의 높은 공에 대한 임팩트 자세의 차이를 보면 알 수 있다.

〈사진 3-1〉은 배트가 가장 앞으로 진행되는, 인코스 높은 공을 타격할 때의 자세다. 보텀 핸드가 투수 방향을 향하여 거의 곧장 뻗어 있다(이때 톱 핸드는 아직 구부러져 있다).

여기에서 알 수 있는 것은, 허리는 투수 방향을 향하여 옆 방향에서 정면을 향할 때까지 90도 밖에 돌아가지 않았지만 보텀 핸드는 그 사이에 '톱'에서의 백네트 back net 방향에서 180도나 방향이 바뀌었다는 것이다. 어떻게 이런 현상이 나타나는 것일까.

사진 3-1 인코스 높은 공을 타격할 때의 자세

〈사진 3-2, 3-3〉은 '톱'과 임팩트 각각의 자세로, 허리의 방향과 상체의 방향을 비교한 것이다.

〈사진 3-2 A〉의 '톱'의 자세에서는 허리는 투구 방향에 대해 완전히 옆을 향하고 있고(사진 3-2 B), 상체는 그보다 뒤쪽으로 비틀려져 있다(사진 3-2 C). 상체의 이런 비틀림은 상체 그 자체를 뒤쪽으로 회전시키고 있기 때문이 아니라 보텀 핸드의 어깨가 오므려지면서 발생하는 것

사진 3-2 톱 자세에서의 허리와 상체의 방향

사진 3-3 임팩트 자세에서의 허리와 상체의 방향

으로, 스윙을 시작할 때 작용하는 보텀 핸드의 옆구리에서부터 어깨에 걸친 근육을 스트레치시킨, 이른바 '비틀리는' 현상이 만들어진 상태다.

한편 〈사진 3-3 A〉의 임팩트 자세에서는 허리가 투수 방향으로 정면을 향할 정도까지 회전해 있다는 데에 비하여(사진 3-3 B), 상체는 그 이상으로 회전해 있다(사진 3-3 C). 즉 스윙을 시작한 이후부터 임팩트까지 상체는 허리 이상으로 날카롭게 회전하면서 허리의 회전을 추월하는 것이다. 엄밀하게 말하면 허리의 회전은 상체의 방향도 바꾸며, 상체는 허리와 함께 회전하는 것이 아니라 허리의 회전 위에서 독자적으로 회전하여 보다 빨리 배트를 앞으로 진행시킴과 동시에 회전 속도를 증폭시켜 스윙 속도를 높이는 역할을 하고 있다는 것이다.

3. '견갑골 슬라이드'의 중요성

상체의 이런 회전은 단순히 등뼈 하나하나가 움직이는 것만으로 이루어지지 않는다. 견갑골이나 흉곽의 움직임이 그 회전을 보다 깊고 날카롭게 만들어주는 것이다.

〈사진 3-4 A〉는 앞의 그림과 거의 비슷한 임팩트 자세다. 이 자세에서 배트와 톱 핸드를 떼면 〈사진 3-4 B〉처럼 된다. 남은 보텀 핸드는 투수 방향을 향하여 곧장 뻗어 있는데, 이때 견갑골은 어느 틈에 백네트 방향으로 당겨진 위치로 이행되어 있다는 사실을 알 수 있다. 상체의 회전에 수반되어 보텀 핸드의 견갑골이 자연스럽게 등 방향으로 슬라이드 된 것이다. 이 부분이 중요하다.

〈사진 3-4 B〉의 자세에서 견갑골이 당겨진 상태만을 느슨하게 푼 것이 〈사진 3-5〉다. 〈사진 3-4 A〉나 〈사진 3-4 B〉와 비교하면 상체의 회전이 돌아와 있다. 즉 견갑골이나 그 견갑골과 공통으로 움직이는 흉곽의 움직임이 상체 회전의 깊이를 만드는 것이며, 만약 견갑골이나 흉곽의 움직임이 나쁘면 상체를 충분히 돌릴 수 없고, 회전동작은 골반과

사진 3-4 임팩트 자세(A)에서 배트와 톱 핸드를 뗀다(B)

사진 3-5 등 쪽으로 당겨진 견갑골을 푼 상태

상체가 하나가 되어 단순히 방향을 바꾸는 것일 뿐인 움직임에 가까워진다.

〈사진 3-6, 3-7〉은 이 견갑골, 흉곽의 움직임과 팔의 방향의 관계성을 나타낸 것이다. 흉곽을 오므리고 견갑골을 외전外轉(견갑골이 척추로부터 멀어지는 움직임)시킨 자세(사진 3-6 A)를 바꾸지 않고 팔을 뻗은 채 가슴에 최대한 가까운 위치에서 수평으로 올리면 팔은 〈사진 3-6 B〉의 방향으로 올라간다. 이것이 '톱'에서의 어깨 상태다. 여기에 비하여 흉곽을 열어 견갑골을 내전內轉(견갑골이 척추 쪽에 가까워지는 움직임)시킨 자세(사진 3-7 A)를 절대로 바꾸지 않고 팔을 뻗은 채 가슴에 최대한 가까운 위치에서 수평으로 올리면 팔은 정면으로 올라가며 더 이상 안쪽으로 모을 수 없다(사진 3-7 B). 이것이 인코스에 대한 임팩트에서 어깨의 상태다.

사진 3-6 흉곽을 오므려 견갑골을 외전
시켰을 때 팔이 올라가는 방향

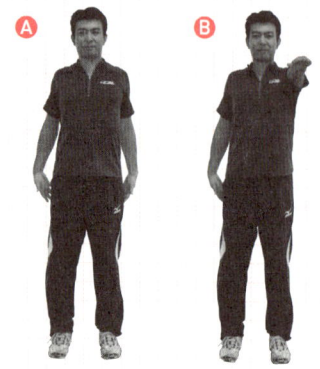

사진 3-7 흉곽을 열어 견갑골을 내전시
켰을 때 팔이 올라가는 방향

만약 회전동작에 수반되어 보텀 핸드 쪽의 어깨(견갑골)가 등 쪽으로 슬라이드 되는 현상이 전혀 발생하지 않으면(이 견갑골이 움직이지 않는다는 것은 골반 위에서 상체가 회전하지 않는다는 것과 같은 의미다)〈사진 3-8〉처럼 '톱'에서의 어깨 상태가 바뀌지 않으며 배트는 앞으로 내밀 수 없다. 설사 전혀 움직이지 않는 것은 아니고 '견갑골의 움직임이 나쁘다'(상체 회전이 나쁘다)는 정도라고 해도 배트가 늦게 내밀어진다는 점은 마찬가지다.〈사진 3-8〉의 자세에서 복부보다 아래의 자세는 고정한 채 보텀 핸드의 견갑골을 등 쪽으로 이행시키면(상체를 회전시키면)〈사진 3-9〉처럼 보텀 핸드의 방향이 투수 방향으로 향하는 지점까지 배트를 앞으로 내밀 수 있다. 이것은 결코 팔을 사용해서 움직이는 것이 아니다. 보텀 핸드의 팔과 견갑골의 관계는 유지하고 갈비뼈 주변에서 견갑골을 외전위外轉位(어깨가 오므려진 상태)에서 내전위內轉位(어깨가 등 쪽으로

사진 3-8 견갑골이 등 쪽으로 움직이지 않은 경우   사진 3-9 견갑골이 등 쪽으로 당겨진 경우

당겨진 상태)까지 미끄러뜨리는 것만으로 배트를 내미는 방법에 이 정도의 차이가 발생하는 것이다.

예를 들어 〈사진 3-8〉의 자세에서 보텀 핸드 쪽 어깨의 움직임을 멈춘 채 톱 핸드가 뻗는다면 어떻게 될까. 배트는 당연히 상당히 '멀리 돌아가는' 궤도로 나간다. 만약 골반의 회전도 없는 상태에서 이런 스윙이 이루어진다면 더욱 '멀리 돌아가는' 현상이 발생한다. 이것은 극단적인 예이지만, 중요한 사실은 스윙을 시작할 때 상체 회전동작에 의한 보텀 핸드 쪽 어깨의 리드(견갑골의 슬라이드)로 배트를 내미는 움직임이 충분히 이루어지지 않고, 보다 빨리 톱 핸드가 뻗기 시작할수록 '멀리 돌아가는' 스윙이 된다는 것이다.

다시 말해 '최단거리'의 스윙은 착지를 신호로 시작되는 스윙 시작 시기부터 보텀 핸드 쪽 어깨의 리드를 포함한 상체 회전동작에 의해 '톱'

의 위치에 있는 배트를 내미는 것으로 실현된다.

다만 어깨의 이런 리드는 '톱'에서 어깨가 충분히 오므려져 있어야 비로소 가능하며, 어디까지나 상체의 회전동작을 구성하는 일부분에 해당한다. 그렇기 때문에 보텀 핸드의 어깨를 당기는 것만으로는 부족하며, '톱'에서 어깨를 오므리는 동작이 충분하지 못한 선수가 어깨를 당기려 하면 팔꿈치가 구부러질 뿐이다.

4. 어깨의 리드는 스윙을 시작하는 시점부터 시작된다

　보텀 핸드 쪽 어깨를 당긴다고 하면 '열리는 것이 아닌가' 하고 생각하는 분도 있을 테지만 오히려 정반대다. 이처럼 견갑골이 오므려진 상태에서 등 쪽으로 적절하게 움직일 수 있는 능력(상체의 회전동작이 원활하게 이루어지는 능력)이 있고, 배트를 단번에 앞으로 내밀 수 있기 때문에 골반을 비롯한 체간 전체를 빨리 앞쪽으로 향할 필요가 없으며, 마지막 순간까지 열 필요도 없다. 상체는 착지까지 열리지 않은 상태로 진행되다가 스윙을 할 때 순간적으로 열려야(회전해야) 한다.

　〈사진 3-8〉과 같은 스윙 방법은 초등학교 저학년 선수들에게서 흔히 볼 수 있는 가장 밀리기 쉬운 스윙으로, 보텀 핸드의 어깨나 견갑골 주변의 근력이 덜 발달해서 배트의 무게에 눌려 견갑골을 비롯한 팔이나 배트가 뒤처지기 때문에 발생하는 현상이다. 따라서 견갑골 주변의 근력이 덜 발달한 상태에서는 너무 무거운 배트는 사용하지 말아야 한다. 특히 장대 등을 이용한 스윙은 이런 나쁜 스윙 방법을 일부러 만드는 것과 같다. 다른 특별한 목적이 있는 경우라면 이런 위험성을 이해한 상

태에서 올바른 사용 방법을 동시에 생각해야 한다.

또 〈사진 3-8〉과 같은 스윙 방법은 '허리의 회전보다 상체 회전을 늦추자'는 생각에서 먼저 허리만 돌리고 그 뒤에 상체를 돌리기 위해 허리와 상체를 따로 움직이는 경우에 흔히 볼 수 있다.

본래는 착지 직전까지 투수 쪽 옆구리에서부터 어깨에 걸친 라인이 충분히 스트레치 된 '비틀린' 자세를 만들고(사진 3-2 A), 착지를 계기로 골반 회전과 상체 회전에 의한 보텀 핸드 쪽 어깨의 리드가 이루어져야 한다. '비틀림'이 형성되어 있으면 그것만으로 상체는 허리에 뒤처지는 형태가 되고, 공을 가까이 '불러들여' 스윙을 늦출 수 있다면 남은 것은 포인트에 맞도록 배트를 짧은 시간 안에 앞으로 내미는 것이기 때문에 스윙을 한 이후에는 보텀 핸드 쪽 어깨의 리드가 시작되어야 한다.

'비틀림'을 확실하게 만들수록 그립이 뒤쪽에 남은 위치에서 스윙이 시작되기 때문에 단순하게 생각하면 배트를 앞으로 진행시키기 어려운 것처럼 느껴질 수 있다. 하지만 스윙을 시작해서 보텀 핸드 쪽 어깨의 리드를 이끌어내려면 그 어깨에서부터 옆구리에 걸친 라인에 스트레치 상태를 준비해야 하기 때문에, 오히려 '비틀림'이 없으면 배트를 재빨리 앞으로 진행시키기 위한 스윙 방법을 이용할 수 없다.

또 '비틀림' 자세는 아웃코스 공에 대한 대응에 있어서 충분한 가속거리를 가질 수 있기 때문에, 충분한 '비틀림'을 만들고 보텀 핸드 쪽 어깨의 리드로 배트를 재빨리 앞으로 내밀 수 있다면 인코너이건 아웃코너이건 폭 넓은 범위의 구질에 적절하게 대응할 수 있다.

이것이 "공을 최대한 가까이 끌어당겨도 재빨리 배트를 내밀어 타격을 하기 위한 포인트에 맞추는 동시에 모든 코스에 대응할 수 있다"는 이른바 '품이 넓다'고 하는 상태다. 이 상태를 만들려면 보텀 핸드 쪽 견갑골의 움직임이나 흉곽의 움직임에 의해 충분한 '비틀림'을 만든 '톱' 자세에서 날카롭게 상체를 회전시키는 능력을 갖추어야 한다.

5. 상체의 축 회전을 만든다

 '견갑골을 당긴다'는 식으로 말하면 특별한 동작처럼 느껴지지만, 본래는 상체의 회전에 수반되는 자연스러운 움직임이기 때문에 이런 동작이 가능한 선수의 입장에서 보면 너무나 자연스러워서 자신이 그런 동작을 하고 있다는 자각 자체가 없다. 따라서 견갑골에만 지나치게 얽매여 상체의 회전이 수반되지 않으면 부자연스러운 동작이 될 수밖에 없다. 우선 단순하게 배꼽 위 부분을 등뼈 중심으로 축 회전시켜 좌우의 어깨를 교체시키는 동작이라고 생각하자. 골반은 내딛는 다리의 고관절을 지탱점으로 삼아 회선하지만 상체는 등뼈를 중심으로 축 회전을 하는 것으로, 상체의 축 회전과 견갑골의 당김은 어떤 의미에서 완전히 같은 동작을 가리키기 때문에 부분보다는 전체적으로 동작을 포착해야 한다.
 그러나 아마추어 선수들은 이 상체의 축 회전이 제대로 이루어지지 않는 경우가 많다. 그 근본적인 원인은 흉추의 회선 回旋 이나 흉곽, 견갑골의 움직임이 나쁘기 때문이다. 관절의 그런 바람직하지 않은 움직임 등에 의해 '톱'에서 '비틀림' 자세를 만들 수 없기 때문에 상체의 축 회전이 제대로 이루어지지 않는 것이다. 골반과 상체가 일체화되어 움직이면 〈사진 3-2 A〉처럼 골반을 투수 방향으로 옆으로 유지한 채 보텀 핸드의 어깨만을 오므린 '톱'을 만들 수 없기 때문에, 〈사진 3-10〉처럼 보텀 핸드의 어깨를 넣는 동작을 골반을 비롯하여 상체를 뒤쪽으로 비트는 식으로 실시하거나 '축각에 체중을 남기려 한다'는 그릇된 의식에 의해 허

사진 3-10 골반을 비롯하여 상체를 뒤쪽으로 비틀고 있다

리의 위치를 앞쪽으로 거의 진행시키지 못하는 스텝을 밟는 등의 움직임을 보이는데, 이것이 '비틀림'을 만들지 못하는 원인이다.

상체의 회전 자체가 제대로 이루어지지 않는 이유는 흉추의 회선이나 흉곽, 견갑골의 움직임이 나쁘다는 것 이외에도 또 있다. 내딛는 다리에 체중을 옮겨 골반의 '슬라이드 동작'부터 시작되는 이른바 '벽'을 만드는 하반신 동작을 제대로 실행하지 못하여, 축각에 체중을 남긴 상태에서 단순한 원 운동에 해당하는 골반의 회전동작(실제로는 발에서부터 전신의 방향을 바꿀 뿐인 회전동작이 된다)을 하려 한다는 것 등이다.

이처럼 '비틀림'을 만들 수 없고 상체의 축 회전도 만들지 못하면 보텀 핸드 쪽 어깨의 리드로 배트를 내밀 수 없기 때문에, 톱 핸드가 주체가 되어 배트를 휘두를 수밖에 없다. 그런 상태로 스윙을 계속하면 그 감각이 몸에 배어, 회전동작을 살려서 보텀 핸드 쪽 어깨의 리드로 배

트를 내미는 감각은 얻기 어렵다. 그리고 그 근본적인 감각을 이해하지 않은 상태에서는 스윙에 아무리 다양한 기술들을 첨가해도 타격의 문제점은 본질적으로 해결할 수 없다. 따라서 올바른 스윙 동작을 만들려면 상체의 회전동작을 충분히 살려 보텀 핸드 쪽 리드로 배트를 내미는 능력을 개발해야 한다.

그래서 '뒤에 남긴다', '포인트를 가까이'라는 것을 곧이곧대로 실천해서 체간을 충분히 돌리지 않고 스윙을 하는 방법, 톱 핸드가 빨리 움직이기 시작하는 방법이 버릇이 되어버리는 바람직하지 않은 연습을 해서는 안 된다고 말하는 것이다.

다시 한 번 강조하지만, 하반신에서는 체중을 내딛는 다리로 옮기고 그 고관절의 지탱점을 향하여 뒤쪽 허리가 직진하는 식으로 골반의 회전동작을 실시해야 한다. 그리고 상반신에서는 등뼈를 축으로 삼은 상체의 회전동작과 연동시켜, 스윙을 한 이후에 보텀 핸드 쪽 어깨의 리드로 배트를 내밀어야 한다. 이런 기본적인 신체 사용 방법을 기억하기 위한 노력을 하지 않는 한, 수만 번의 스윙을 연습한다고 해도 '최단거리' 스윙은 절대로 달성할 수 없다.

6. 옆구리가 '조여진다', '비어 있다'의 구조

〈사진 3-11, 3-12〉는 "보텀 핸드의 옆구리가 비어 있는 상태다"라고 표현해도 이 인식에는 오해가 없을 것이다. 그런데 여기에 대하여 '옆구리가 조여져 있다'는 것은 어떤 상태인지 선수들에게 물어보면 대부분 〈사진 3-13, 3-14〉와 같은 형태를 만든다.

하지만 이것은 팔꿈치를 몸에 붙이고 있을 뿐이다. 정말로 옆구리가 조여져 있는 상태는 〈사진 3-15, 3-16〉과 같은 자세다. 이 자세는 〈사진 3-17, 3-18〉처럼 상체의 회전에 의해 견갑골이 등 쪽으로 이동하면서 발생하는 것으로, 〈사진 3-19 B〉의 '톱'에서의 팔의 상태에서 〈사진 3-20 B〉의 임팩트에서의 팔의 상태까지, 견갑골이 갈비뼈 주변을 외전 위에서 내전위까지 슬라이드 되는 과정에 의해 만들어진다. 이때 보텀 핸드의 팔꿈치와 몸은 떨어져 있다. 팔꿈치를 아래 방향으로 몸에 붙여두는 자세는 옆구리가 조여져 있는 자세가 아니다.

이처럼 옆구리의 조여짐이 보텀 핸드 쪽 흉곽과 견갑골의 움직임에 의해 만들어지는 것이라면, 옆구리가 비는 원인은 이 움직임이 충분

사진 3-11 옆구리가 비어 있는 상태(비스듬히 정면)   사진 3-12 옆구리가 비어 있는 상태(정면)   사진 3-13 팔꿈치를 몸에 붙이고 있을 뿐(비스듬히 정면)

사진 3-14 팔꿈치를 몸에 붙이고 있을 뿐(정면)   사진 3-15 옆구리가 조여져 있는 상태(비스듬히 정면)   사진 3-16 옆구리가 조여져 있는 상태(정면)

히 이루어지지 않았다는 데에 있다고 말할 수 있다. 보텀 핸드 쪽 어깨의 리드가 충분히 이루어지지 않은 상태에서 톱 핸드가 중심이 되어 배트를 내밀기 때문에 그 움직임에 밀려 옆구리가 비는 것이다. '톱'에서는 〈사진 3-21〉처럼 보텀 핸드가 뻗고, 톱 핸드는 몸 쪽에서 떨어진다. 이 상태에서 보텀 핸드의 어깨가 움직이지 않고 톱 핸드가 몸 앞으로 들어가면 보텀 핸드는 당연히 구부러진다(사진 3-22). 보텀 핸드의 견갑골이 등 쪽으로 슬라이드 되는 움직임이 작용해야 양쪽 옆구리가 동시에

사진 3-17 견갑골의 등 쪽으로의 이동에 의해 옆구리는 조여진다

사진 3-18 견갑골의 등 쪽으로의 이동에 의해 옆구리는 조여진다

사진 3-19 톱에서의 견갑골과 팔의 상태

사진 3-20 임팩트에서의 견갑골과 팔의 상태

사진 3-21 톱에서의 두 팔의 상태

사진 3-22 견갑골이 움직이지 않으면 보텀 핸드는 구부러진다

사진 3-23 견갑골이 등 쪽으로 움직이면 보텀 핸드는 뻗는다

제3장 상체의 회전동작과 보텀 핸드의 중요성 ••• 83

조여지는 스윙이 가능해지는 것이다(사진 3-23). 보충설명을 한다면 〈사진 3-23〉의 자세에서 보텀 핸드의 어깨 상태를 유지한 채 팔꿈치를 구부린 자세가 꽉 찬 인코너 공에 대응할 때 볼 수 있는 '팔꿈치가 꺾여 접힌' 자세다. 보텀 핸드가 어깨의 리드와 팔꿈치의 구부러짐을 동시에 실행시켜야 배트를 보다 안쪽에 가까운 포인트를 향하여 재빨리 내밀 수 있다.

7. 옆구리 조이기 동작의 오해와 폐해

스윙은 기본적으로 보텀 핸드의 팔꿈치가 향하고 있는 방향으로 휘둘려지는 것이기 때문에(사진 3-24) 옆구리를 조이는 동작을 오해하여 팔꿈치를 아래로 향하고 있으면 배트는 아래 방향으로 휘둘려지고, 스윙 궤도는 공이 날아오는 비구선飛球線(볼과 목표점을 잇는 가상의 직선)과 일치되지 않는다(사진 3-25). 또 그 스윙은 팔의 움직임에 의해 상체의 회전과는 아무런 관계가 없는 방향으로 진행된다.

배트 스윙에서 그려지는 원반 모양의 스윙 궤도를 '스윙 플레인'swing plane이라고 한다. 배트와 공이 정면충돌Just meet할 확률을 높이려면 '스윙 플레인'을 공의 비구선에 최대한 가깝게 해야 한다. 그렇게 하려면 스윙을 시작하는 '톱' 자세에서 공을 향하여 휘두르고 싶은 궤도와 반대 방향으로 보텀 핸드를 뻗고, 그 연장선 위에 배트를 눕힌 각도를 준비하는 것이 기본이다. 보텀 핸드의 어깨, 팔꿈치, 그립, 배트의 헤드를 연결하는 선에 의해 만들어지는 평면과, 공을 향하여 휘두르고 싶은 스윙 플레인을 일치시킨 뒤에 상체를 회전시키는 것만으로 원하는 스윙

사진 3-24 배트는 보텀 핸드의 옆구리 방향으로 내밀어진다

사진 3-26 보텀 핸드의 각도를 스윙 궤도에 맞춘다

사진 3-25 옆구리를 아래로 향한 스윙

플레인 위를 보텀 핸드가 통과, 그 보텀 핸드의 궤도대로 배트가 공을 향하여 내밀어지는 자세를 만드는 것이다(사진 3-26). 배트 스윙에서 상체의 회전과 보텀 핸드의 연동 관계는 상체의 회전에 의해 보텀 핸드를 이용해서 '촙chop'을 하는 듯한 요령으로 공을 향하여 배트를 내미는 움직임이다.

옆구리가 비어 있으면 안 되는 이유는 보텀 핸드 쪽 옆구리의 방향이 공보다 위로 향하게 되어 배트를 정확하게 진행시킬 수 없기 때문이다. 이런 선수에 대해 "옆구리를 조여라!"라고 말하며 몸에 팔꿈치를 대게 해도 위로 향하는 팔꿈치를 단순히 아래로 향하게 하는 결과만 낳을 뿐, 공을 향하여 배트가 곧장 진행되는 자세는 만들 수 없다.

앞에서 보텀 핸드의 팔꿈치를 몸에 대고 옆구리가 아래를 향한 '톱' 자세에서 스윙을 시작하면 배트는 공을 향하지 않고 아래를 향하여 휘둘려진다고 설명했는데, 이때 '톱'의 자세가 골반을 비롯하여 상체를 뒤쪽으로 비트는 듯한 형태라면 스윙에서 배트는 아래를 향하게 되어 반드시 아래에서 위로 향하는 스윙 궤도가 만들어진다. 낮은 공이라면 이것으로도 스윙 플레인이 맞아떨어질 수 있지만, 높은 공에 대해서는 절대로 레벨 스윙 level swing 궤도로 배트를 내밀 수 없다. 그뿐 아니라 팔꿈치를 계속 몸에 대고 있으면 보텀 핸드 쪽 견갑골의 움직임을 방해하여 팔꿈치 앞쪽 부분만 휘두르는 스윙이 될 수밖에 없다.

보텀 핸드의 팔꿈치 방향은 준비단계에서는 아래쪽을 향하더라도 스윙이 시작된 이후부터는 배트를 휘두르고 싶은 각도로 향해 있어야 한다.

8. 톱 핸드가 옆구리를 조이는 구조

'톱' 자세에서는 보텀 핸드의 어깨가 오므려지고, 톱 핸드의 팔꿈치는 몸에서 떨어져 있다(사진 3-26). 이 '톱'의 자세에서 상체의 회전동작이 이루어지지 않고 골반의 회전만 이루어지면 '톱'에서의 상체와 팔의 위치 관계가 바뀌지 않기 때문에 톱 핸드의 옆구리가 비어 있는 상태에서 배트를 휘두르게 되어 완전히 '멀리 돌아가는' 스윙이 되어버린다(사진 3-27).

하지만 〈사진 3-15, 3-16〉처럼 상체의 회전동작이 이루어진 스윙에서는, 상체의 회전동작 자체의 구조가 보텀 핸드가 견갑골 등 쪽으로 슬라이드 됨과 동시에 톱 핸드의 견갑골 앞쪽으로 슬라이드 되면서 성립되는 것이기 때문에 톱 핸드의 팔꿈치는 자연스럽게 몸 앞쪽으로 파고들어 간다.

톱 핸드의 팔꿈치가 몸 앞으로 파고들어 가는 이런 움직임에 관해서는 준비자세나 테이크 백의 '톱' 단계에서 톱 핸드의 팔꿈치를 등 쪽으로 높이 내뻗은 '플라잉 엘보 flying elbow'를 유지하는 선수도 있기 때문에,

사진 3-27 상체의 회전이 이루어지지 않은 스윙

사진 3-28 상체의 움직임이 나쁜 선수가 톱 핸드를 밀어 넣는 경우

 선수에 따라서는 톱 핸드의 견갑골 슬라이드뿐만 아니라 팔 자체도 움직이고 있는 경우가 있다. 하지만 '톱' 자세에서 상체의 회전동작 없이 톱 핸드의 팔꿈치만을 조인다고 해도 몸 쪽에 닿는 정도에 그친다. 다시 말해 톱 핸드의 팔꿈치를 몸 앞으로 파고들게 하는 동작은 상체의 회전동작에 따르는 두 견갑골의 슬라이드 동작에 의해 이루어지는 것이다.

 만약 〈사진 3-27〉처럼 톱 핸드의 옆구리가 비어 있는 '멀리 돌아가는' 스윙을 교정하기 위해 '뒤쪽 팔꿈치를 명치 부근으로 밀어 넣는다'는 데에만 의식을 향하여 상체의 회전동작에 신경을 쓰지 않으면 원인에 대한 근본적인 해결책은 될 수 없다.

 보텀 핸드 쪽 어깨의 리드(견갑골의 슬라이드)가 충분하지 않은 상태에서 톱 핸드의 팔꿈치를 명치 쪽을 향하여 밀어 넣기 때문에 보텀 핸드 쪽 옆구리가 비게 되는 것이다. 또 톱 핸드 쪽 견갑골의 슬라이드가 없이 팔꿈치만을 명치 쪽을 향하여 밀어 넣으면 톱 핸드의 어깨에는 그립이 바깥으로 쓰러지는 외선外旋(관절이 바깥쪽으로 도는 것) 동작이 발생, 배트의 헤드가 내려가는 방향으로 힘이 작용한다. 그 때문에 상체의 회전동작이 나쁜 선수가 톱 핸드의 팔꿈치를 명치 쪽을 향하여 밀어 넣는다는 의식을 강하게 가지면 보텀 핸드의 옆구리는 크게 비게 되고, 헤드는 크게 내려간다(사진 3-28).

9. 배트를 '안쪽에서 내민다'의 중요성

　배트를 휘두르는 방법의 중요한 포인트로서 '배트를 안쪽에서 내민다'라는 말을 흔히 들을 수 있다. 이것은 '최단거리' 스윙에 요구되는 스윙 방법을 이미지로 표현한 말인데, 이와 비슷한 표현으로 '공의 안쪽을 때린다', '배트를 그립부터 내민다', '인사이드 아웃의 스윙을 한다' 등의 또 다른 감각적인 표현도 존재하듯 많은 선수들이 중요성을 느끼고 있는 포인트다. 그러나 그렇게 중요한 포인트임에도 불구하고 그런 동작이 어떤 식으로 실현되는 것인가 하는 중요한 내용을 정확하게 이해하지 못한 채 오해를 한 상태에서 스윙을 하는 경우도 많이 볼 수 있다.

　〈사진 3-29, 3-30〉은 '배트를 안쪽에서 내민다'고 표현되는 스윙 방법이고, 〈사진 3-31, 3-32〉는 '멀리 돌아가는' 스윙, '도어 스윙door swing' 등으로 표현되는 스윙 방법이다.

　양쪽의 차이를 간단히 설명하면 '안쪽에서 내미는' 스윙에서는 배트와 톱 핸드 쪽 어깻죽지의 가까운 위치 관계가 바뀌지 않은 상태에서 배트가 앞으로 나가며, '멀리 돌아가는' 스윙에서는 스윙을 시작한 이후의

사진 3-29 배트를 안쪽에서 내미는 스윙 방법(뒷면)

사진 3-30 배트를 안쪽에서 내미는 스윙 방법(정면)

빠른 단계에서 배트가 어깨에서 떨어진다는 것이다.

 인코너 공이라면 '멀리 돌아가는' 스윙을 해서는 앞쪽의 미트 포인트에 맞출 수 없기 때문에 '배트를 안쪽에서 내미는' 것이 매우 중요하며, 빠른 직구에 대해서도 마찬가지다. 또 아웃코너 공에 대해서는 스윙 직후에 배트가 몸에서 떨어져버리면 톱 핸드가 빨리 뻗기 시작해서 헤드가 빨리 젖혀지기 때문에(사진 3-32), 아무래도 '걸쳐지기' 쉬워져 반대

사진 3-31 멀리 돌아가는 스윙(뒷면)

사진 3-32 멀리 돌아가는 스윙(정면)

방향으로 흐르는 타구를 치기 어렵기 때문에 역시 '배트를 안쪽에서 내미는' 것이 중요하다. 한편 헤드가 빨리 젖혀지는 현상은 바깥쪽으로 도망가는 변화구에 대응할 수 없는 가장 큰 원인이기도 하기 때문에, '배트를 안쪽에서 내민다'는 스윙 방법은 코스 대응이나 완급 대응에 있어서도 빼놓을 수 없는 중요한 포인트다.

10. 배트를 '안쪽에서 내미는' 스윙의 구조

'안쪽에서 내미는' 스윙과 '멀리 돌아가는' 스윙을 비교해 보면, '안쪽에서 내미는' 스윙은 '톱' 자세에서의 첫 동작에서 골반이 투수에 대해 옆 방향에 가까운 상태인 채 앞쪽(투수 방향)으로 이동한다는 사실을 알 수 있다(사진 3-29 A~B). 이 동작에 의해 그립은 움직이기 시작하면서부터 투수 방향으로 직선에 가까운 운동의 방향성을 얻는다. 이것이 '배트를 안쪽에서 내민다'는 스윙 동작에서 빼놓을 수 없는 현상이기 때문에, 축각에 체중을 남기고 회전하는 것이 아니라 내딛는 다리 쪽으로 체중을 옮기고 그 고관절을 지탱점으로 삼아 골반의 회전동작을 실행해야 하는 것이다.

또 이 스윙 동작에서 그립의 직선 이동은, 감각적으로 '휘둘러도 배트는 남아 있어야 한다'는 식으로 표현되며 모든 구질에 대응하기 위해 필요한 스윙 시작 단계에서의 움직임이다.

예를 들어 〈사진 3-33〉과 〈사진 3-34〉는 각각 높게, 낮게 스윙을 한 것인데 둘 다 같은 '톱' 자세에서의 스윙이며, 이 '톱' 자세는 이대로 회전을 할 경우에 높은 공에 대해 레벨 스윙이 자연스럽게 이루어지도록 보텀 핸드의 팔로 배트의 각도를 맞춘 것이다. 〈사진 3-34〉처럼 높은 공에 맞춘 '톱' 자세에서도 배트가 낮은 공에 대해 공의 정면 부근으로 향하도록 할 수 있는 이유는 스윙을 시작하는 단계에서 골반이 옆 방향에 가까운 상태를 유지한 채 이동하는 '슬라이드 동작'이 적용되기 때문이며, 그립이 '멀리 돌아가는' 방향으로 진행되지 않고 몸에 가깝게 유지된 상태에서 두 어깨의 각도를 순간적으로 바꿀 수 있기 때문이다.

여기에 비하여 〈사진 3-31, 3-32〉의 '멀리 돌아가는' 스윙에서는 '톱' 자세에서부터 움직이기 시작하여 골반과 그립이 모두 '멀리 돌아가는' 방향(오른손 타자라면 1루 벤치 방향)으로 진행되고 있다. 이처럼 톱 핸드가 빨리 뻗기 시작하여 배트가 몸에서 떨어져버리면 헤드의 움직임에 강한 관성력이 작용하기 때문에 그 시점 이후에 스윙 궤도를 수정하기는 어렵다. 따라서 '휘둘러도 배트는 아직 남는다' 등으로 표현되는, '배트를 안쪽에서 내민다'는 상태가 모든 구질이나 코스에 대응하기 위해 매우 중요한 것이다.

다만 골반을 움직이는 방법은 '배트를 안쪽에서 내밀기' 위한 시작 조건에 지나지 않는다. 이제부터가 중요하다.

〈사진 3-35〉는 '안쪽에서 내민다'는 스윙에서 배트와 어깻죽지의 가까운 위치 관계가 바뀌지 않은 상태에서 배트가 앞으로 나가는 모습을 나타낸 것이다. 팔로 배트를 움직이는 것이 아니라 상체의 회전동작을 이용하여 배트를 이끌어내고 있기 때문에 '톱'에서의 배트와 어깻죽지의 거리가 유지된 상태에서 배트가 앞으로 나갈 수 있는 것이다.

사진 3-33 높은 공에 대한 스윙

사진 3-34 낮은 공에 대한 스윙

사진 3-35 상체의 회전으로 배트를 이끌어내면 배트와 어깨의 가까운 거리는 바뀌지 않는다

이처럼 상체의 회전동작을 이용해서 배트를 이끌어내는 '안쪽에서 내민다'는 스윙에서는 〈사진 3-33 B, 사진 3-35 C〉 이후, 보텀 핸드의 어깨의 리드가 지속적으로 작용하는 상황에서 톱 핸드가 뻗기 시작한다. 그래서 손목이 꺾이기 전에 공을 포착할 수 있다(사진 3-33 D). 이것이 '배트를 안쪽에서 내미는' 스윙의 커다란 장점이다.

이런 점들을 반대로 생각하면 '멀리 돌아가는' 스윙은 상체의 회전동작을 이용해서 배트를 내미는 것이 아니며, 상체의 회전이 충분하지 않은 상태에서 팔(톱 핸드)이 빨리 뻗기 시작하기 때문에 나타나는 현상이라고 말할 수 있다. 회전이 충분하지 않은 상태에서 톱 핸드가 빨리 뻗으면 스윙의 원 궤도는 전반부에 호가 크게 그려지기 때문에 배트가 앞으로 진행되는 속도가 늦어짐과 동시에 배트의 헤드는 일찌감치 젖혀진다(사진 3-32). 그래서 배트를 '바깥쪽에서 내미는' 스윙일 경우에는 밀리기 쉽고, 걸쳐지기 쉽고, 도망가는 변화구에 약하며, 드라이브_{drive}가 걸린 파울을 초래하는 것이다.

'배트를 안쪽에서 내민다'는 스윙의 구조를 정리하면 골반이 옆 방향에 가까운 상태를 유지한 채 슬라이드시켜 가는 움직임에 의해 그립이 직선으로 끌려나오고, 상체의 회전동작에 의해 배트와 어깻죽지의 가까운 위치 관계가 유지된 상태에서 배트가 앞으로 끌려나오는 것이다. 이런 신체 사용 방법에 의해 배트는 신체 가까운 곳에서 나와 앞쪽으로 빠르게 진행된다.

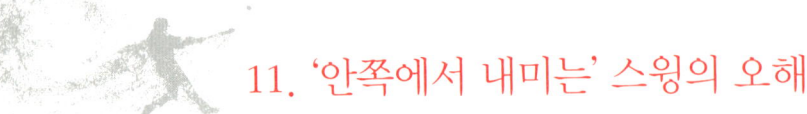

11. '안쪽에서 내미는' 스윙의 오해

'배트를 안쪽에서 내민다'는 점을 오해해서 잘못된 신체 사용 방법을 연습하고 있거나, 잘못된 지도를 하는 경우가 매우 많다.

예를 들면 오래 전부터, '배트를 안쪽에서 내미는' 신체 사용 방법을 습득하기 위한 연습방법이라는 이름으로 벽이나 네트 가까이 서서 거기에 닿지 않도록 스윙을 하는 훈련이 있는데, 이 방법으로 스윙을 하면 반드시 〈사진 3-36〉처럼 팔을 좁게 구부려 '안쪽에서'를 실현하려는 스윙을 하게 된다. 이래서는 스윙 시작 단계에서 체간의 회전동작을 실행하기 어렵고, 팔부터 내미는 스윙이 되기 때문에 완전히 '팔로 타격하는' 자세가 만들어진다.

또 '바깥쪽에서 내미는' 스윙은 배트의 헤드가 빨리 앞으로 나가고, '안쪽에서 내미는' 스윙은 그립이 선행한 이후에 배트가 앞으로 나가기 때문에 '그립부터 내민다'는 식으로 지도하는 경우가 흔히 있는데, 이것은 〈사진 3-35〉를 보면 알 수 있듯 상체의 회전동작을 이용해서 배트를 끌어내는 과정에 의해 그립이 자동으로 선행되는 형식으로 배트가 나가는 것이다. 그런데 '그립부터 내민다'는 표현 그대로 팔의 움직임으로 그립을 선행시키는 방법을 실행하려는 선수, 또 그렇게 하도록 지도하는 지도자들이 꽤 많이 있다는 것은 문제다(사진 3-37 A).

팔의 움직임으로 그립만을 선행시켜 보텀 핸드의 앞 팔과 배트 사이에 형성되는 각도가 예각이 될수록 그립의 위치는 임팩트 위치까지 진행되었음에도 불구하고 헤드는 목 주변에 남아 있는 상태가 만들어진다

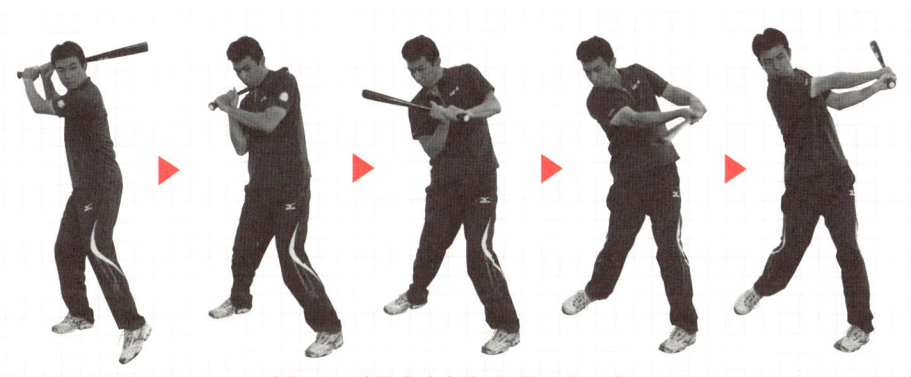

사진 3-36 벽 등에 닿지 않도록 휘두르는 스윙

사진 3-37 팔의 움직임으로 그립을 선행시킨 잘못된 스윙

제3장 상체의 회전동작과 보텀 핸드의 중요성 ··· 99

(사진 3-37 A). 본래 그립이 이 정도로 나와 있는 상태라면 헤드는 보다 더 앞쪽으로 진행되어 있어야 하는데, 사진처럼 그립은 이 위치에 있는데 헤드는 아직 뒤처져 있으면 공에 '밀리기 쉬운' 경향이 나타난다.

또 스윙을 해서 〈사진 3-37 A〉의 상태를 만들려면 체간의 회전동작을 멈추어야 하기 때문에 〈사진 3-37 A〉의 상태에서의 스윙은 거의 이 위치에서 그립이 멈춘 채 손목을 젖히는 동작만으로 이루어진다(사진 3-37). 그럴 경우 스윙의 호는 가장 작은 반경의 원 궤도를 그리게 될 뿐 아니라 반드시 헤드가 뒤집히면서 공을 포착하려 하기 때문에 정확한 포착이 어려우며, 설사 스윙이 빨리 이루어진다고 해도 정확한 타격이 아니라 공에 걸치기만 하는 경향이 나타난다.

그리고 임팩트 때 체간의 회전이나 그립이 위치를 거의 멈춘 상태에서 손목의 움직임만으로 스윙을 하게 되면 극단적으로 약한 타구를 날릴 수밖에 없다.

12. 상체 회전의 구조

〈사진 3-38〉은 상체의 회전동작을 체조 형식으로 표현한 것이다. 골반의 방향과 얼굴의 방향은 정면을 향한 채 배꼽 위 상반신만을 비틀어 오른쪽 어깨를 턱 아래에, 왼쪽 어깨를 바로 뒤에 오도록 하고 있다.

선수들에게 이 동작을 실시하게 하면 간단한 동작이 아니라는 사실을 금방 이해한다. 상체를 비틀면 골반이나 얼굴까지 비틀리려 하고, 골반을 멈추어 두려 하면 상체가 비틀려지지 않는 등 골반의 방향과 상체의 방향을 따로 두는 것이 쉽지 않은 선수들이 매우 많기 때문이다. 그 밖에도 몸보다 팔을 가져가려 한다거나, 앞쪽 어깨의 견갑골이 솟아오른다거나, 수평으로 비틀 수 없는 현상 등도 나타난다.

〈사진 3-38〉의 자세에서 등뼈의 축이 흔들리지 않고 얼굴과 골반이 모두 정면으로

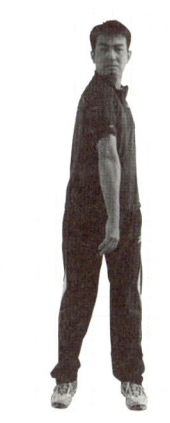

사진 3-38 상체 회전동작

향한 채 상체만의 움직임으로 좌우 교대로 두 어깨를 교체할 수 있는 능력이 높은 선수는, 상체의 축 회전과 보텀 핸드의 연동을 통하여 배트가 공에 정확하게 향하도록 하는 사용 방법을 비교적 빨리 습득할 수 있지만, 대부분의 선수들은 그 움직임이 충분히 이루어지지 않기 때문에 아무래도 앞쪽 어깨가 솟아오르는 등 비스듬한 형태로 스윙을 하거나 톱 핸드가 주체가 되어 멀리 돌아가는 스윙, 부자연스러운 스윙을 하게 된다.

상체만을 이용하여 두 어깨를 교체하는 이런 동작을 할 수 없는 원인은 축이 되는 등뼈(흉추)의 움직임이 나쁘기 때문이기도 하지만, 흉곽의 움직임과 견갑골의 움직임이 나쁘다는 것도 커다란 관계가 있다.

〈사진 3-39〉는 양쪽 흉곽을 오므리고 견갑골을 좌우로 편 자세이고, 〈사진 3-40〉은 양쪽 흉곽을 펴고 좌우의 견갑골을 등뼈 쪽으로 당긴 자세다. 이처럼 흉곽과 견갑골은 기본적으로 함께 움직이며, 전후 45도 정도씩 어깨의 방향을 바꾸는 작용을 한다.

〈사진 3-41〉은 이 움직임을 이용하여 한쪽 흉곽을 오므리고(견갑골을 펴고), 다른 한쪽의 흉곽을 편(견갑골을 당긴) 자세다. 등뼈(흉추)는 비틀지 않는다.

겉으로 보면 단순히 상체를 45도 정도 비튼 것처럼 보일 것이다. 즉 〈사진 3-38〉처럼 우리가 상체의 회전이라고 포착하고 있는 움직임의 절반 정도는 흉곽과 견갑골의 움직임이 담당하고 있다.

좋은 동작을 할 수 있는 이유나 나쁜 동작을 할 수밖에 없는 이유를 찾으려면 인간의 동작을 골격의 움직임으로 보아야 할 필요가 있다. 상

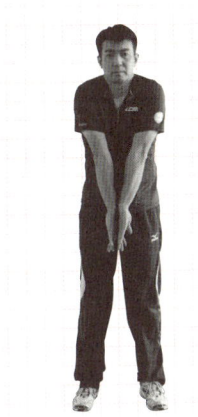  

사진 3-39 흉곽을 오므린다   사진 3-40 흉곽을 편다   사진 3-41 한쪽 흉곽을 오므리고 다른 한쪽을 편다

체의 회전은 겉보기에는 상반신의 사각형 부분이 비틀어진 것처럼 보이지만 골격으로 보면 등뼈의 축 주변에 갈비뼈가 붙어 있고, 또 견갑골이 붙어 있어 각각의 가동 영역 안에서 움직이고 있는 것이다.

〈사진 3-41〉에서 나는 의식적으로 등뼈의 움직임을 억제했지만, 그래도 견갑골의 움직임에 이끌려 등뼈(흉추)에도 회전이 발생하듯 일반적으로 상체를 회전시키려 하면 흉곽, 견갑골, 등뼈는 공동으로 운동에 참가한다. 그렇기 때문에 타격 동작에서는 보텀 핸드 쪽의 '흉곽의 열림'이나 '견갑골의 당김'이라는 식으로 부분적으로 포착하지 말아야 한다. '상체의 회전'이라는 식으로 받아들이는 것만으로 흉곽과 견갑골은 자동으로 움직이는 것이다. 그리고 적절하게 움직일 수 있는 조건으로서 충분한 가동 영역을 만들어 '톱'이나 '비틀림' 등의 준비자세를 정돈하면 된다.

배트를 군더더기 없이 빠르게 앞으로 내미는 데에 있어서 보텀 핸드 쪽의 '흉곽의 열림'이나 '견갑골의 당김'은 확실히 중요하다. 내가 걱정하는 것은, 그 부위의 움직임이 나쁜 선수가 그런 부분적인 움직임에만 얽매여 있으면 정말로 중요한 '상체 회전'을 위한 움직임이 아니라 단순히 가슴을 펴는 동작이 되어버려 보텀 핸드의 팔꿈치를 당기는 현상이 발생하는 등 어색한 스윙이 되어버리는 경우가 있다는 것이다. 이런 선수는 가능하면 부분적인 의식은 버리는 것이 좋다. '상체 회전'이라는 보다 큰 관점을 가지고 연습해야 하며, '상체 회전'을 이용하는 훈련은 흉곽과 견갑골의 움직임도 서서히 개선해준다는 사실을 염두에 두어야 한다.

13. 스윙의 주체가 되는 팔의 존재

　배트 스윙은 하나의 막대기를 두 손으로 쥐고 휘두르는 운동이다. 그 때문에 선수들 각자에게는 스윙 궤도를 만들어내는 중심 역할을 하는 '주체에 해당하는 팔'이 존재하며, 그 '주체에 해당하는 팔'이 톱 핸드와 보텀 핸드 중에서 어느 쪽인가 하는 차이는 스윙 궤도의 커다란 차이로 나타나 타격의 우열을 크게 좌우한다.

　어느 한쪽 팔의 움직임이 스윙의 주체가 된다는 말은 어떤 의미일까. 그것은 스윙 궤도가, 주체가 되는 팔만으로 그리는 한 손 스윙 궤도에 가깝다는 것이다. 톱 핸드가 주체가 되면 스윙 궤도는 톱 핸드만을 이용한 한 손 스윙 궤도에 가까워지며, 보텀 핸드가 주체가 되면 보텀 핸드만으로의 한 손 스윙 궤도에 가까워진다.

　〈사진 3-42〉는 보텀 핸드를 이용한 한 손 스윙이고, 〈사진 3-43〉은 보텀 핸드가 주체가 된 양손 스윙이다. 〈사진 3-44, 3-46〉은 둘 다 톱 핸드가 주체가 되는 한 손 스윙이지만, 〈사진 3-44〉는 톱 핸드를 체간의 움직임과 연동시켜 사용한 경우이고, 〈사진 3-46〉은 톱 핸드를 체

간의 움직임과는 관계없이 사용한 경우다. 그리고 〈사진 3-45, 3-47〉은 각각 〈사진 3-44, 3-46〉의 톱 핸드 사용 방법으로 톱 핸드가 주체가 된 양손 스윙이다.

양손 스윙의 스윙 궤도에, 주체가 되어 있는 팔만으로의 한 손 스윙의 특징이 그대로 반영되어 있다는 사실을 확인할 수 있다.

이것은 배트를 조작하는 주체가 되는 팔의 차이가 무의식중에 스윙 궤도의 차이로 나타나며, 그 선수의 타격의 경향을 결정하는 요인으로

사진 3-42 보텀 핸드를 이용한 한 손 스윙

사진 3-43 보텀 핸드가 주체가 되는 양손 스윙

작용한다는 사실을 의미한다.

"아무리 노력을 해도 헤드가 내려가버린다", "아무리 노력을 해도 배트가 멀리 돌아나가 손목을 비틀게 된다" 등 배트를 조작하는 방법과 관련이 있는 버릇은 의식적으로 연습을 해도 좀처럼 해소되지 않는 경우가 많다. 그 이유는 그런 문제들을 초래하고 있는 근본적인 원인으로 어느 쪽 팔이 주체가 되어 배트를 조작하고 있는가 하는 것이 크게 영향을 끼치고 있기 때문이다.

사진 3-44 체간과 연동시킨 톱 핸드만의 한 손 스윙

사진 3-45 체간과 연동시킨 톱 핸드가 주체가 되는 양손 스윙

사진 3-46 체간의 움직임과 관계없이 실행한 톱 핸드만의 한 손 스윙

사진 3-47 체간의 움직임과 관계없이 실행한 톱 핸드가 주체가 되는 양손 스윙

제3장 상체의 회전동작과 보텀 핸드의 중요성 ••• 109

구체적으로는 보텀 핸드가 주체가 되어 체간의 회전동작과 연동작용을 일으키면서 배트를 이끌어내는 것이 중요하다. 그런데 스윙을 시작한 뒤에 톱 핸드가 주체가 되어 스윙이 이루어지면 스윙에서 나쁜 버릇이라고 불리는 많은 문제점들을 낳게 된다.

14. 헤드가 내려가는 원인

　〈사진 3-48, 3-49〉는 보텀 핸드를 이용한 한 손 스윙이고, 〈사진 3-52〉는 보텀 핸드가 주체가 되는 양손 스윙이다. 〈사진 3-50, 3-51〉은 체간의 움직임과 연동시킨 톱 핸드를 이용한 한 손 스윙이고, 〈사진 3-53〉은 그 사용 방법에서 톱 핸드가 주체가 된 양손 스윙이다.

　보텀 핸드가 주체가 되는 양손 스윙과 한 손 스윙은 모두 배트는 '톱'의 위치에서 체간의 회전에 이끌려 나와 그대로 앞으로 진행되고 있다는 데에 비하여(사진 3-48, 3-49, 3-52), 톱 핸드가 주체가 되는 양손 스윙과 한 손 스윙은 모두 헤드가 크게 내려가 있다(사진 3-50, 3-51, 3-53). 각 사진을 비교해 보면 양손 스윙에서의 궤도의 특징으로는 주체가 되는 팔만을 이용한 한 손 스윙의 특징이 그대로 나타나 있다. 각각 이런 스윙 궤도를 만들어내는 원인은 양손 스윙을 할 때에는 구별하기 어렵지만, 한 손 스윙에서의 특징을 살펴보면 분명하게 구별할 수 있다.

보텀 핸드를 이용한 스윙에서는 보텀 핸드 쪽 어깨가 진행하는 방향에 따라 팔꿈치, 그립, 배트의 진행 방향이 정해지기 때문에 상체 회전의 움직임이 그대로 배트를 이끌어내는 움직임이 된다(사진 3-48, 3-49, 3-52). 하지만 톱 핸드가 주체가 되는 스윙에서는 톱 핸드 쪽 팔꿈치가

사진 3-48 보텀 핸드를 이용한 한 손 스윙(옆면)

사진 3-49 보텀 핸드를 이용한 한 손 스윙(정면)

진행하는 방향에 따라 그립이 진행되는 방향이 결정되기 때문에 '톱'의 자세에서부터 팔꿈치를 몸 쪽으로 당기는 움직임에 의해 그립이 아래 방향으로 내려가는 것이다(사진 3-50, 3-51, 3-53).

이런 현상은 체간의 회전동작과 팔을 연동시키기 위해 체간의 회전

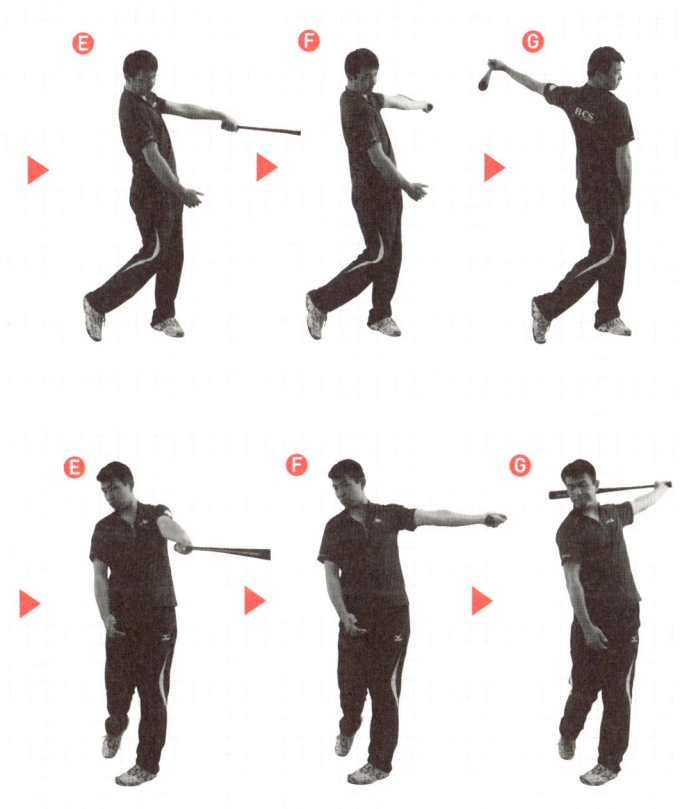

축과 팔 사이에 거의 직각의 위치 관계를 만들려 하는 움직임에 의해 발생한다.

보텀 핸드를 이용한 한 손 스윙에서는 '톱' 시점에서 어깨부터 팔꿈치, 그립, 배트에 걸친 라인이 이미 회전축과 거의 직각을 이루는 상태에서 뻗어 배트를 투수 방향으로 이끌어내는 자세가 갖추어져 있

사진 3-50 체간과 연동시킨 톱 핸드를 이용한 한 손 스윙(옆면)

사진 3-51 체간과 연동시킨 톱 핸드를 이용한 한 손 스윙(정면)

다(사진 3-48 B, 3-49 B). 따라서 그대로 회전하는 것만으로 배트는 보텀 핸드 쪽 앞 팔의 연장선을 따라 휘둘려진다(사진 3-48 C~G, 3-49 C~G).

한편 톱 핸드를 이용한 한 손 스윙에서는 '톱' 시점에서 팔꿈치가 접혀 있기 때문에 팔꿈치를 몸 쪽으로 당기고 앞 팔을 회전축과 직교시켜

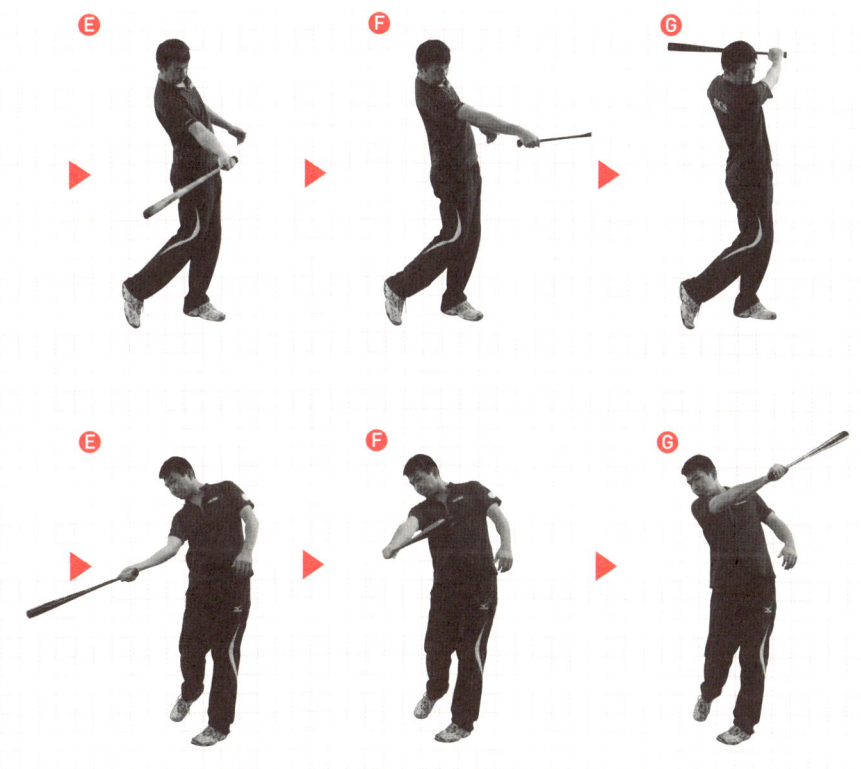

사진 3-52 보텀 핸드 주체의 양손 스윙

사진 3-53 체간과 연동시킨 톱 핸드 주체의 양손 스윙

그 앞 팔의 연장선을 따라 배트를 휘두르려 하게 된다(사진 3-50 C~G, 3-51 C~G).

　이처럼 스윙을 시작하는 시점에 아래 방향의 힘이 작용하면 중심이 헤드 쪽에 있는 배트에는 아래로 진행하려는 커다란 관성력이 발생한다. 그 힘은 그립이 앞으로 진행되기 시작해도 헤드에 아래 방향의 힘을 주기 때문에 배트의 헤드는 이미지 이상으로 아래쪽에서 나오게 되

는 것이다(사진 3-50 D~E).

15. 헤드의 '멀리 돌아가는' 현상과 빨리 뒤집히는 현상이 발생하는 원인

〈사진 3-48〉과 〈사진 3-50〉을 비교해 보면 양쪽 모두 B단계에서는 그립이 축각의 발 위치보다 주먹 한 개 정도 포수 쪽에 위치해 있다. 하지만 체간의 회전이 시작된 C단계를 보면 보텀 핸드를 이용한 스윙에서는 스윙을 시작한 이후에 그립이 앞으로 진행되고 있다는 데에 비하여, 톱 핸드를 이용한 스윙에서는 그립이 아래로 내려가 있을 뿐이다. 그리고 D단계가 되면 양쪽의 체간의 회전 정도에 차이가 거의 없지만, 배트가 앞쪽으로 진행하는 모양에는 상당한 차이가 발생한다. 이것이 '최단거리' 스윙과 '멀리 돌아가는' 스윙의 차이다.

연동동작은 기본적으로 신체의 중심에 가까운 부분의 움직임이 말단 부분을 이끌어내는 형식으로 운동이 이루어지는 것이기 때문에 체간의 회전동작과 연동한 톱 핸드에서의 스윙은 아무래도 배트가 늦게 나간다.

또 〈사진 3-49, 3-51〉을 보면 보텀 핸드를 이용한 스윙에서는 그립과 헤드가 모두 몸 가까운 장소에서 앞쪽으로 진행하고 있다는 데에 비하여, 톱 핸드를 이용한 스윙에서는 그립과 헤드가 일찌감치 몸에서 떨어진 위치에서 휘둘려지고 있다.

이 차이는 톱 핸드를 이용한 스윙의 경우 앞 팔이 보다 빠른 단계에서부터 옆 방향으로 누워 앞쪽으로 나가기 때문이며(사진 3-51 D~E), 또 단순히 팔의 기점이 되는 어깨가 체간이 회전할 때 홈 베이스에서 먼 쪽의 어깨인가 아니면 가까운 쪽의 어깨인가 하는 차이에 의해 발생한다.

보텀 핸드를 이용한 스윙에서는 팔의 길이에 대하여 상반신의 폭이 있는 만큼 그립은 톱 핸드의 어깻죽지 부근에서 앞쪽으로 나가지만, 톱 핸드를 이용한 스윙에서는 앞 팔이 옆으로 쓰러지면 그립은 당연히 몸에서 벗어난 장소에서 앞쪽으로 나간다.

〈사진 3-52 C~D〉의 톱 핸드의 움직임을 보면 스윙을 시작했을 때에는 앞 팔이 세워져서 나가는 모습을 볼 수 있다.

그립이 나가는 위치의 이런 차이는 배트를 양손으로 잡으면 발생하지 않을 것이라고 생각하기 쉽지만 그렇지 않다. 견갑골의 움직임에 의해 팔의 기점의 위치와 팔이 향하는 방향이 모두 바뀌기 때문에 배트를 양손으로 잡아도 주체가 되는 팔만을 이용한 한 손 스윙에 가까운 동작이 나온다.

앞에서 설명한 "보텀 핸드의 어깨는 '톱' 시점에서 앞으로 오므려지며, 그 이후의 회전동작에서 견갑골이 등 쪽으로 슬라이드 하는 움직임이 작용하지 않으면 톱 핸드의 옆구리가 비어 있는 상태에서 그립이 멀리 돌아가는 방향으로 진행하여 배트는 앞쪽으로 나가지 않는다"는 말은 이런 의미다.

톱 핸드를 이용한 스윙에서 그립이 몸에서 일찌감치 떨어지면 양손을 이용한 톱 핸드 주체의 스윙에서도 톱 핸드가 보다 빨리 뻗기 시작한다(사진 3-53 C~E). 스윙을 하는 도중에 손목(헤드)이 젖혀지는 현상은 두 팔이 뻗는 위치를 중심으로 발생하기 때문에 톱 핸드 주체의 스윙에서는 반드시 〈사진 3-51 F〉처럼 손목이 빨리 젖혀지는 움직임이 발생하는 것이다.

이것이 변화구를 기다리지 못하는, 바깥쪽 공에 배트가 '걸치기만' 하는, 끌어당겼다고 생각했지만 드라이브가 걸린 파울이 되어버리는 등의 문제를 낳는 가장 큰 원인이다.

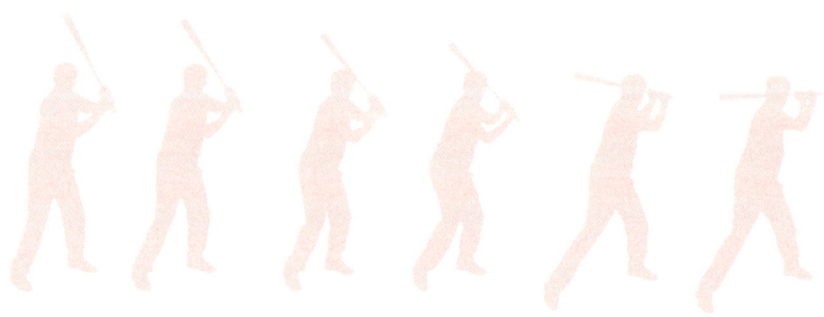

16. '손으로 타격을 하는' 구조

 이상과 같이 톱 핸드 주체로 스윙을 하면 아무래도 배트가 앞쪽으로 늦게 나가게 되고 헤드는 멀리 돌기 쉬우며 내려가기 쉽고 빨리 젖혀지기 쉽지만, 보텀 핸드 주체로 스윙을 하면 배트는 멀리 돌지 않고 스윙을 시작하는 시점에서부터 '최단거리', '최단시간'에 앞쪽으로 나가며 헤드가 내려가는 일도 없다.
 톱 핸드가 주체인 스윙에서의 이런 폐해를 방지하기 위해 톱 핸드의 팔꿈치를 아래 방향으로 향하지 않도록 하고 명치 쪽으로 미끄러뜨리듯 앞쪽으로 진행시키면 되지 않을까 하고 생각하는 분이 있을지 모르지만 그래서는 해결이 되지 않는다.
 체간의 회전동작과 연동시켜 톱 핸드를 움직이기 때문에 배트가 나가는 속도가 늦어지고 멀리 돌게 되며 헤드도 내려가는 것이니까, 톱 핸드가 주체를 이룬다는 사항을 바꾸지 않은 상태에서 그런 폐해들을 방지하려 하면 회전동작과는 관계없이 팔로 스윙을 하는 수밖에 없기 때문이다. 팔로 실시하는 이른바 '손으로 타격을 하는' 스윙이 바람직하

사진 3-54 톱 핸드의 팔꿈치를 명치 쪽으로 미끄러뜨린 한 손 스윙

사진 3-55 톱 핸드의 팔꿈치를 명치 쪽으로 미끄러뜨린 양손 스윙

지 않다는 데에는 이견이 없을 것이다. '손으로 타격을 하는' 스윙은 설사 어떤 폐해가 개선된다고 해도 다른 문제점이 남거나, 새로운 문제가 발생한다.

〈사진 3-54〉는 톱 핸드의 팔꿈치를 명치 쪽으로 미끄러뜨려 그립을 가능하면 안쪽에서 직선으로 진행시키려는 한 손 스윙이고, 〈사진 3-55〉는 그 사용 방법에서 톱 핸드가 주체가 된 양손 스윙이다.

둘 다 체간의 회전을 멈추지 않고는 톱 핸드의 움직임으로 배트를 안쪽에서 내밀 수 없기 때문에 회전동작은 거의 발생하지 않는다. 그 결과 확실히 배트도 일찍 나가고 헤드도 거의 내려가지 않지만, 톱 핸드의 팔꿈치를 뻗는 움직임과 손목을 젖히는 움직임만으로 스윙을 하는 것이기 때문에 손목에는 상당한 무리가 발생한다. 결국 톱 핸드가 주체가 되는 스윙을 하는 한 근본적인 해결은 되지 않는 것이다.

참고로 팔꿈치를 미끄러뜨리는 등의 다른 동작은 하지 않고 체간의 회전과 관계없이 톱 핸드를 이용한 스윙을 실시한, 완전히 '손으로 타격을 하는' 스윙도 제시해두기로 한다.

〈사진 3-56, 3-57〉은 체간의 움직임과 관계없이 톱 핸드를 이용한 한 손 스윙이고, 〈사진 3-58〉은 그 사용 방법에서 톱 핸드가 주체가 된 양손 스윙이다. 체간의 회전과는 관계없이 스윙을 하고 있기 때문에 헤드는 내려가지 않지만 거의 팔의 힘만으로 톱 핸드를 덮어씌우듯 상당히 '멀리 돌아가는' 스윙이 되며, 헤드는 공을 바깥쪽에서 3루 벤치 방향으로 치듯 미트 포인트 부근을 옆 방향으로 통과하고 있다. 한편 체간은 '골반 회전'이라기보다 팔의 움직임에 맞추어 발치에서부터 전신의

사진 3-56 체간의 움직임과 관계없이 실시한 톱 핸드를 이용한 한 손 스윙(옆면)

사진 3-57 체간의 움직임과 관계없이 실시한 톱 핸드를 이용한 한 손 스윙(정면)

사진 3-58 체간의 움직임과 관계없이 실시한 톱 핸드 주체의 양손 스윙

방향을 그 자리에서 동시에 바꾸기만 할 뿐인 동작이 된다.

여러분이 소속되어 있는 팀에도 이런 스윙을 하는 선수들은 꽤 많이 있을 것이다.

17. '선으로 포착한다'는 이미지의 오해

공을 '선으로 포착한다'는 이미지가 있는데, 공을 정면에서 치기 위해 공의 비구선을 따라 배트를 내민다는 이미지를 표현하는 스윙이다. 이 자체는 정확하게 공을 포착하기 위해 중요한 기본사항이며, 잘못된 것이 아니다. 그러나 '공의 궤도에 스윙 궤도를 맞춘다'는 이미지를 실현하기 위해 잘못된 방법을 실현하는 경우가 많고, 그 이미지에 대한 오해 때문에 톱 핸드가 주체를 이루는 스윙을 하는 경우도 많다.

거의 수평으로 날아오는 공의 궤도에 감각적으로 스윙 궤도를 맞추어 수평으로 배트를 진행시킨다는 이미지를 그리는 경우 〈사진 3-59, 3-60〉처럼 톱 핸드를 주체로 삼아 공을 맞추려는 동작이 발생하기 쉽다. 그 이유는 보다 빨리 톱 핸드의 앞 팔을 눕혀 그립의 위치를 내리고 수평으로 배트를 진행시켜 보다 긴 수평 라인을 만들 수 있으면 '선으로 포착한다'는 이미지를 가장 단순하게 실천할 수 있다고 생각하기 때문이다.

하지만 톱 핸드를 이용해서 '수평으로 촙'을 하듯 공을 향하여 배트를 내밀면 배트는 반드시 멀리 돌아가게 되고, 톱 핸드의 어깨가 내려가면서 배트 역시 내려가게 된다. 이 사실은 실제로 시도해보면 누구나 간단히 이해할 수 있다.

'공의 궤도에 스윙 궤도를 맞춘다'는 것은 〈사진 3-61, 3-62〉처럼 보텀 핸드가 주체가 되는 스윙으로도 실현할 수 있다. 실제로 공의 궤도와 스윙 궤도가 만나는 것은 임팩트 바로 전 단계이며, 그렇지 않을

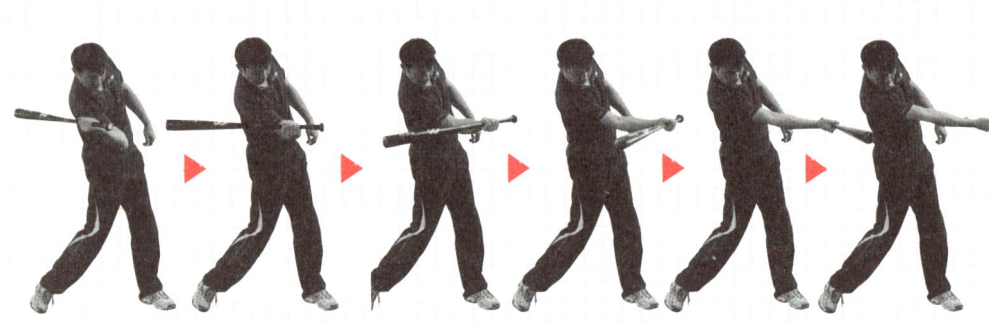

사진 3-59 공의 궤도에 대해 스윙 궤도를 톱 핸드로 맞춘 한 손 스윙

사진 3-60 공의 궤도에 대해 스윙 궤도를 톱 핸드로 맞춘 양손 스윙

경우 배트를 군더더기 없이 미트 포인트까지 빠르게 진행시키기는 어렵다.

그런데도 이미지에 대한 이런 오해가 발생하는 이유는 '선으로 포착한다'는 이미지를 떠올렸을 때 직구에 대한 스윙만을 생각하기 때문이다. '선으로 포착한다'는 것은 모든 공을 정확하게 치기 위한 기본사항이다. 그렇기 때문에 한가운데 부근의 직구에 대해서 뿐만 아니라 낮은

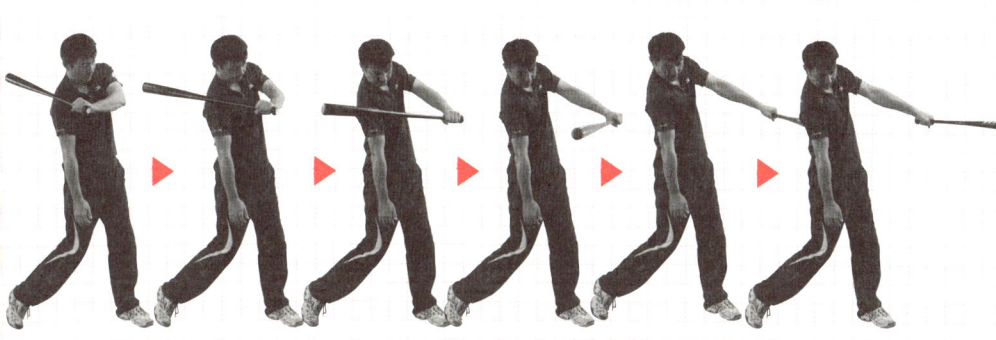

사진 3-61 공의 궤도에 대해 스윙 궤도를 보텀 핸드로 맞춘 한 손 스윙

사진 3-62 공의 궤도에 대해 스윙 궤도를 보텀 핸드로 맞춘 양손 스윙

공이나 높이 떠서 크게 벗어나는 공 등 배트가 도달할 수 있는 범위 안으로 들어오는 모든 공에 대해서 가능하면 공의 궤도에 대해 정면으로 배트를 내미는 스윙 궤도를 만들어내야 한다. 그것은 동시에 군더더기 없이 배트가 공을 향하여 빠르게 나가야 한다는 뜻이기도 하다.

18. 스윙 플레인을 일치시킨다

'선으로 포착한다'는 것을 다른 말로 표현하면 스윙 플레인Swing Plane(배트가 통과하는 가로면)의 각도를 공의 궤도와 일치시킨다는 것이다. 공의 궤도에 대해 배트가 아래쪽에서 위로 통과하거나, 위쪽에서 아래로 통과하면 그 정도가 극단적일수록 공과 배트의 접점은 핀 포인트의 한 점밖에 없다. 어떤 높이의 공이건 공의 정면으로 배트가 들어갈 수 있도록 스윙 플레인의 각도를 맞추어야 한다.

그런 식으로 인코너 낮은 공에 대해서도 배트를 안쪽에서 내밀어 골프 스윙에 가까운 스윙 플레인을 만들 수 있으면 '선으로 포착한다'는 것이 가능해진다. 자신이 친 공이 자신의 몸을 때리는 자타구自打球가 자주 발생하는 이유는 인코너 낮은 공에 대해 바깥쪽에서 안쪽을 향하는 스윙 플레인을 만들어 그것이 공의 궤도와 충분히 맞아떨어지지 않기 때문이다.

또 아웃코너 공에 대해 톱 핸드의 팔꿈치부터 손끝까지의 조작으로 밀어치려 하면 헤드는 공의 궤도에 대해 아래에서 위로 진행하고, 배트

사진 3-63 한가운데 높은 공에 대한 촙 동작 임팩트 자세　　사진 3-64 '헤드가 내려간' 상태

와 공의 궤도는 어떤 한 점에서만 만나게 된다.

아웃코너를 밀어 치는 경우라면 특히 이해하기 쉽기 때문에 이런 예를 들었을 뿐이다. 어떤 코스이건 손을 조작해서 공을 맞추려 할 경우 체간의 회전에 의해 만들어지는 스윙 플레인으로부터 궤도가 벗어나기 쉽고, 공의 궤도와 맞추기 어렵다. 따라서 모든 코스에 대해서도 체간의 회전과 보텀 핸드를 연동시켜 스윙 플레인을 공의 궤도에 맞출 수 있어야 한다. 그 중에서 타구의 방향을 결정하는 것은 임팩트 때의 배트의 면의 각도이며, 결코 손의 조작으로 이루어지는 것이 아니다. 손의 조작으로 투구 방향을 정하는 것은 진루타를 치기 위해 코스에 반하는 타격을 할 때뿐이다.

19. 보텀 핸드의 춉 동작

    모든 코스에 대해 스윙 플레인을 맞추려면 우선 높은 공에 대해 헤드가 아래쪽에서 나오지 않도록 확실하게 '레벨 스윙'을 할 수 있는 신체 사용 방법을 갖추어야 한다. 이것은 〈사진 3-59, 3-60〉과 같은 톱 핸드 주체의 스윙으로는 불가능한데, 그 이유는 높은 공에 대해서는 아무래도 배트를 아래에서 위로 향하게 되기 때문이다. 높은 공에 대해 '레벨 스윙'을 하려면 체간의 회전과 보텀 핸드를 연동시켜 배트를 이끌어내는 신체 사용 방법을 갖추어야 한다.

    그리고 그 신체 사용 방법을 기본으로 체간의 회전을 조정하여 인코너, 아웃코너, 낮은 공 등 모든 코스에 대해 높은 공에 대한 '레벨 스윙'을 할 때와 같은 임팩트 관계를 스윙 궤도와 공 사이에 만들어야 한다.

    간단히 말하면 어떤 코스에 대해서도 체간의 회전과 연동시킨 보텀 핸드의 '춉 동작'으로 배트를 공에 맞추어야 한다는 것이다.

    〈사진 3-63, 3-65, 3-67〉은 각각 한가운데 높은 공, 한가운데 낮은 공, 아웃코너 높은 공에 대한 보텀 핸드의 '춉 동작'(A, B)과, 그 보텀 핸

사진 3-65 한가운데 낮은 공에 대한 촙 동작과 임팩트 자세   사진 3-66 '헤드가 내려간' 상태

사진 3-67 아웃코너 높은 공에 대한 촙 동작과 임팩트 자세

드가 주체를 이루는 스윙에서의 임팩트 자세다(C). 사진의 각도 때문에 확실하게 보이지는 않지만 모두 보텀 핸드의 연장선을 따라 배트가 뻗고 있다.

20. '헤드를 세운다'에 대한 오해

  흔히 '헤드를 세운다'고 하여 〈사진 3-68〉과 같은 동작을 이미지로 떠올리는 경우가 있다. 그러나 이런 식으로 배트를 내미는 방법을 몸에 기억시키기 위해 아무리 연습을 되풀이해도 헤드가 내려가는 문제는 근본적으로 해결할 수 없다. 또 모든 공을 정확하게 포착하기 위한 연습도 되지 않는다.

  우선 이 스윙 이미지에서의 문제는 실제로 스트라이크 존을 치는 경우에는 그립보다 헤드가 위에 있는 상태에서 공을 치는 일은 없다는 데에 있다. 높은 공인 경우에는 그립과 헤드가 거의 같은 높이에서 임팩트를 맞이하고, 그보다 낮은 공일수록 헤드는 그립보다 아래에 있는 위치 관계에서 임팩트를 맞이한다. 즉 '헤드를 세운다'는 것은 이미지일 뿐이며, 현실은 아니다. 이 정도는 누구나 이해하고 있을 것이다.

  그렇다면 왜 〈사진 3-68〉처럼 배트를 내미는 방법을 반복적으로 연습하는 것일까. 그 이유는 헤드가 지나치게 내려가는 선수에게 배트의 헤드를 '멀리 돌아가는' 형식으로 내밀지 않고 군더더기 없이 공을 향하

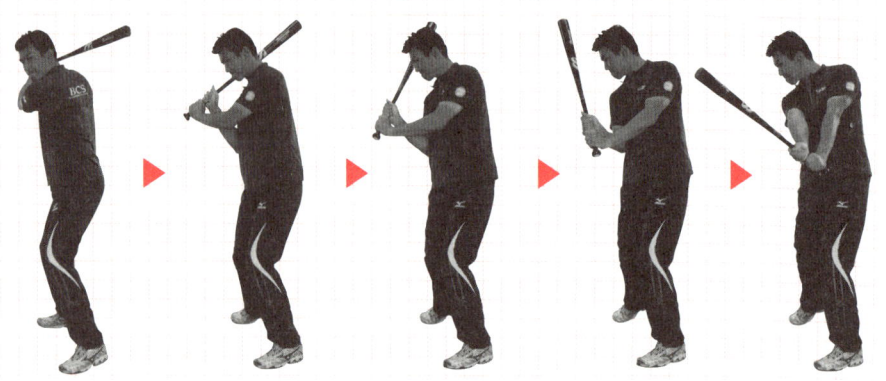

사진 3-68 '헤드가 내려가는' 문제를 해결하는 수단이 되지 않는 '헤드를 세우는' 동작

여 내밀 수 있도록 교정하기 위해서다. 그러나 그것은 결국 헤드가 내려가는 원인이나 헤드가 '멀리 돌아가는' 원인을 정확하게 이해하지 못하고 있다는 의미이기 때문에 근본적인 원인을 해결하는 수단은 될 수 없다.

헤드가 내려가는 것과 '멀리 돌아가는' 현상은 모두, 상체의 회전동작과 보텀 핸드 쪽 어깨의 리드를 연동시켜 보텀 핸드를 주체로 배트를 이끌어내지 못하고 톱 핸드가 주체가 되는 스윙을 하고 있다는 데에 원인이 있다. 그럼에도 불구하고 〈사진 3-68〉처럼 배트를 내미는 연습을 하면 체간의 회전을 멈추고 톱 핸드로 밀어내는 수밖에 없다. 회전을 멈추고 팔의 힘을 이용해서 내미는 것은 손만을 이용해서 타격을 하는 연습에 해당하며, 무엇보다 보텀 핸드 쪽 어깨로 리드하는 능력은 전혀 개발될 수 없고 톱 핸드 주체로 스윙을 하는 습관만 들게 만든다.

그렇기 때문에 이런 연습을 통해서 어느 정도 헤드가 내려가는 현상이 교정된 선수가 있다고 하더라도 그것은 원인을 도외시한 응급처치에 지나지 않으며, 근본적인 해결은 될 수 없다. 따라서 '헤드를 세우는' 연습을 매일 되풀이해도 헤드가 내려가는 습관은 해소되지 않는다.

 '헤드를 세운다'고 해도 그것은 어디까지나 헤드가 필요 이상으로 내려가는 나쁜 습관에 대한 이미지적인 표현이며, 현실적으로 볼 때 헤드를 '세우는' 것이 아니다. 상체의 회전과 보텀 핸드를 연동시켜 배트를 이끌어내는 신체 사용 방법을 갖추면 헤드는 필요 이상으로 내려가지 않는다.

 즉 이런 신체 사용 방법을 갖추면 '헤드를 세운다'는 감각적인 표현과, 실제로는 헤드가 그립보다 아래에 있는 상태에서 임팩트를 맞이하는 경우가 많다는 사실을 이해하게 된다.

 〈사진 3-65 C〉처럼 낮은 임팩트 자세에서는 헤드의 위치가 그립의 위치보다 아래에 있다. 그러나 보텀 핸드가 주체가 되어 배트를 내밀고 그 연장선 위에서 배트가 뻗고 있는 상태는 '헤드가 내려간' 상태가 아니다.

 여기에 비하여 톱 핸드가 주체가 되는 스윙을 하면 배트가 그 직선 라인보다 아래쪽에서 나와 〈사진 3-66〉과 같은 상태가 된다. 이것이 '헤드가 내려간' 것이다. 〈사진 3-63 C〉에 대한 〈사진 3-64〉도 마찬가지다.

 〈사진 3-63 C〉와 〈사진 3-65 C〉의 자세를 잘 살펴보면 배트는 상체의 회전에 의해 이끌려 나오고 배트의 중심은 이 사진의 직전부터 직

후에 걸쳐 수평으로 진행하고 있다는 사실을 상상할 수 있고, 〈사진 3-64, 3-66〉에서는 이 사진 직전부터 직후에 걸쳐 배트가 아래에서 위를 향하는 스윙 플레인을 그리고 있다는 사실을 알 수 있다. 이 〈사진 3-64, 3-66〉의 '헤드가 내려간' 상태는 이해하기 쉽도록 극단적으로 톱 핸드를 주체로 삼아 만든 것이지만, 이 정도로 극단적이지 않더라도 스윙 플레인이 공의 궤도와 맞지 않으면 올바른 타격은 이루어질 수 없다.

21. 정확한 타격을 위한 스윙 플레인과 '톱'의 관계에 관한 기본원칙

앞에서 모든 코스의 공에 대해 스윙 플레인을 맞추기 위한 신체 사용 방법으로서 어떤 코스에 대해서도 체간의 회전과 연동시킨 보텀 핸드의 '촙 동작'으로 배트를 공에 맞추어야 한다고 설명했다. 이것은 말로 표현하기는 간단하지만 실제로 실현하려면 준비가 필요하다.

〈사진 3-69〉는 높은 공에 대한 레벨 스윙이다. 배트가 통과하는 궤적(스윙 플레인)은 거의 수평의 원반 모양이다.

이런 궤도로 스윙을 하고 싶으면 〈사진 3-70〉처럼 스윙을 시작하기 전에 보텀 핸드를 휘두르고 싶은 궤도의 역방향으로 더듬어 뻗고(사진 3-70 A~D), 그 연장면 위에 배트가 위치한 자세(사진 3-70 E)를 만드는 것이 가장 단순하고 효과적인 방법이다.

〈사진 3-71〉은 그 스윙을 시작하기 전의 '톱'과 스윙을 시작한 이후의 모습을 뒤쪽에서 본 것이다. '톱'에서는 배트가 보텀 핸드의 연장면에 위치한 것처럼 보텀 핸드의 어깨~팔꿈치~그립~헤드를 연결한 라인이 하나의 면 위에 위치해 있고, 스윙을 시작한 이후에는 회전동작에

사진 3-69 높은 공에 대한 레벨 스윙

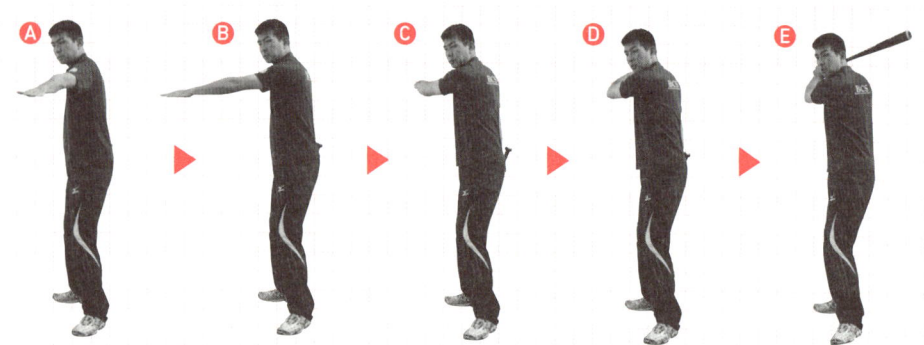

사진 3-70 스윙을 하고 싶은 궤도를 역방향으로 더듬은 보텀 핸드의 연장면에 배트가 위치한 자세

사진 3-71 톱과 스윙의 시작

사진 3-72 보텀 핸드의 팔꿈치가 아래로 향한 상태를 스윙 동작에서 높게 맞춘다

의해 보텀 핸드가 그 면 위를 이동, 배트는 각도를 바꾸지 않은 상태에서 보텀 핸드의 움직임에 이끌려 나가고 있다.

물론 배트가 반드시 이런 각도를 갖추어야만 레벨 스윙을 할 수 있다는 것은 아니다. 이 각도보다 약간 더 서 있다고 해도 보텀 핸드 쪽 어깨의 리드로 배트를 이끌어낼 수 있다면 그 어깨는 그립을, 그립은 헤드를 리드하기 때문에 헤드는 보텀 핸드의 움직임을 따라 스윙 플레인 위로 이끌려나간다. 따라서 〈사진 3-71〉에 대한 설명은 스윙 시작의 기본을 설명한 것 정도로 받아들이자.

다만 보텀 핸드의 방향(팔꿈치의 방향)에 관해서는 〈사진 3-69 A~C, 3-70 E, 3-71〉의 방향이 아니면 레벨 스윙을 할 수 없다. 배트는 그립의 진행 방향으로 나아가고, 그립은 보텀 핸드의 팔꿈치가 향하고 있는 방향으로 진행하는 것이 기본원칙이기 때문에, 보텀 핸드의 팔꿈치를 아래로 향한 채 스윙을 시작하면 배트는 체간의 회전 방향보다 아래로 향하게 되어 높은 공에 대해 배트가 거의 수평 상태로 임팩트를 맞이하는 스윙은 할 수 없다. 임팩트 부근에서 그립보다 헤드가 아래에 놓이는 비스듬한 스윙밖에 할 수 없는 것이다.

이것은 레벨 스윙을 하기 위해 준비단계에서부터 보텀 핸드의 팔꿈치를 '수평 촙'의 각도를 향하도록 해야 한다는 말이 아니다. 〈사진 3-72〉처럼 테이크 백에서 보텀 핸드의 어깨를 끌어당길 때 보텀 핸드의 팔꿈치가 아래로 향하고 있으면(사진 3-72 A) 그 이후에 스윙을 시작하는 동작으로 전환해 가는 흐름 속에서 보텀 핸드의 어깨에서 팔, 배트에 걸친 라인에 의해 형성되는 면의 각도를 레벨 스윙의 스윙 플레인 각도에 동적動的으로 맞추고(사진 3-72 B), 그것을 회전(보텀 핸드의 어깨의 리드)을 이용해서 그대로 이끌어낼 수 있어야 비로소 높은 공에 대해 레벨 스윙을 할 수 있다(사진 3-72 C).

이렇게 할 수 없는 경우 〈사진 3-72 A〉의 '톱' 상태에서는 높은 공에 대해 아래에서 위로 배트를 진행시킬 수밖에 없다. 물론 테이크 백의 '톱'에서도 보텀 핸드의 팔꿈치가 아래를 향하고 있어 배트가 서 있는 듯한 자세에서 스윙을 하는 것처럼 보이는 프로 선수는 많이 있다. 그러나 그런 선수도 높은 공에 대해 레벨 스윙으로 배트를 맞출 수 있다면 '톱'에서 스윙으로 전환하는 흐름 속에서 무의식적으로 보텀 핸드의 어깨부터 팔, 배트에 걸친 라인의 각도를 높은 공을 향하는 각도로 반드시 맞춘다.

테이크 백에서 배트를 끌어당겼을 때 배트가 선 듯한 느낌인지 누워 있는 듯한 느낌인지, 바꾸어 말하면 보텀 핸드의 팔꿈치가 아래를 향한 느낌인지 옆을 향한 느낌인지의 차이에 의해 높이에 대응하는 스윙 플레인의 각도 조절 방식은 달라진다. 그 때문에 어디까지나 기본원칙으로서의 이야기이지만 배트가 공에 대해 정확하게 향하는 스윙 플레인을 만들려면 스윙을 하고 싶은 궤도의 역방향으로 보텀 핸드를 뻗고, 그 보텀 핸드의 연장면 위에 배트의 위치를 잡고 대기하다가 스윙 시작 전이나 스윙 시작 직후 등 최대한 초기 단계에 보텀 핸드 쪽 어깨에서 팔, 배트에 걸친 라인에 의해 형성되는 면의 각도를 스윙을 하고 싶은 스윙 플레인 각도에 맞추어야 한다.

22. 낮은 공에 대한 스윙 플레인

〈사진 3-73〉은 상당히 낮은 공에 대한 스윙이다.

〈사진 3-73 A〉의 자세와 〈사진 3-73 B〉의 '톱'은 모두 처음부터 낮은 공을 대상으로 스윙을 한다는 전제로 만든 것이다. 둘 다 투수 방향에서 본 것으로 보텀 핸드의 어깨부터 팔꿈치가 보이는 각도와 배트 헤드가 기울어지는 각도가 정반대 방향을 가리키고 있다는 점에서 보텀 핸드의 어깨부터 팔, 배트에 걸친 라인에 의해 형성되는 면은 이미 낮은 공을 향하는 비스듬한 스윙 플레인 위에 놓여 있다는 사실을 알 수 있다.

그리고 〈사진 3-73 C〉에서는 배트의 라인이 보텀 핸드의 라인에 겹쳐져 숨겨져 있고, 〈사진 3-73 D〉에서는 보텀 핸드와 배트가 일직선의 관계를 이루고 있다는 점에서 회전동작과 보텀 핸드의 연동에 의해 배트가 이끌려나오고 있다는 사실을 알 수 있다. 배트가 이끌려나오는 이 현상은 〈사진 3-73 B〉에서 턱 아래로 당기고 있던 보텀 핸드 쪽 어깨의 리드에 의한 것이다.

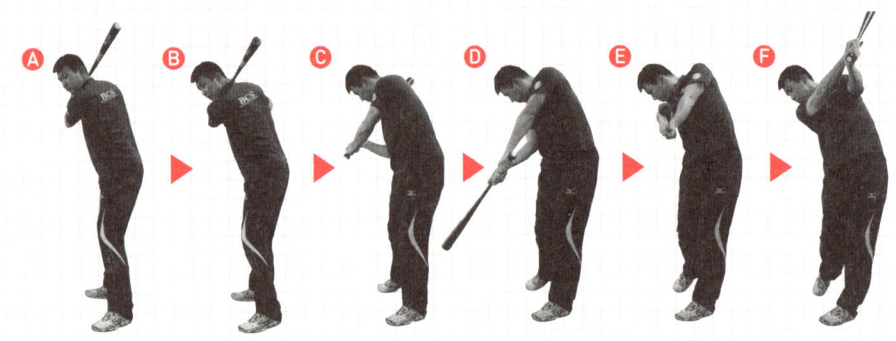

사진 3-73 상당히 낮은 공에 대한 스윙

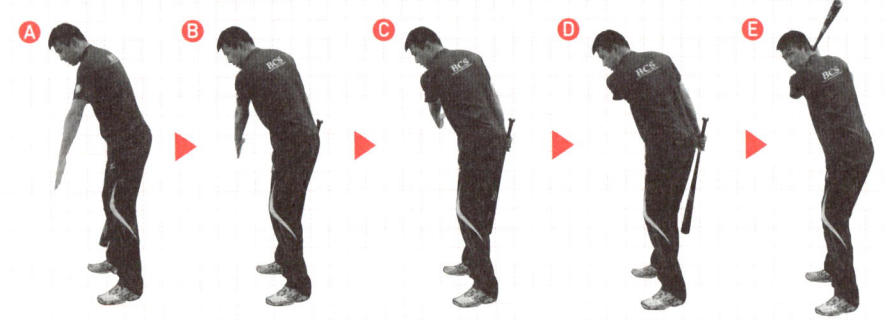

사진 3-74 스윙을 하고 싶은 궤도를 반대로 더듬은 보텀 핸드의 연장면 위에 배트가 위치한 자세

　〈사진 3-73 F〉의 팔로우 스루를 보면 배트가 올라가 있는 각도는 〈사진 3-73 B〉에서의 배트의 기울기 각도와 같다. 즉 완전히 비스듬히 기울어진 원반 모양으로 스윙이 이루어지고 있다는 것이다.

　〈사진 3-73 C~E〉에서 스윙 궤도나 임팩트를 이미지하면 낮은 공에 대해 공의 정면에서 배트가 들어가는 궤도를 이루고 있다는 사실을 알 수 있을 것이다. 이것이 공의 궤도에 대해 스윙 플레인의 각도를 일치

시킨, 스윙이 낮은 경우다.

　낮은 공에 대해 이런 스윙 플레인으로 스윙을 하려면 〈사진 3-74 A~D〉처럼 스윙을 시작하기 바로 전이나 스윙을 시작한 직후의 초기 단계까지 보텀 핸드를 스윙을 하고 싶은 궤도의 역방향으로 뻗고, 그 연장면 위에 배트가 위치한 자세(사진 3-74 E)를 취해야 한다. 바꾸어 말하면 〈사진 3-74 E〉와 같은 자세를 유지한 채 스윙을 시작하면 높은 공에 대해서는 아무리 노력해도 배트를 비스듬히 휘두를 수밖에 없다. 이 자세에서 높은 공에 대응하려면 〈사진 3-72〉처럼 보텀 핸드 쪽 어깨부터 팔, 배트에 걸친 라인의 각도를 높은 쪽으로 향하는 스윙 플레인 각도에 맞추어야 한다. 나는 이것을 보텀 핸드의 '교체 동작'이라고 부른다.

23. 높은 공에 대한 대응을 통하여 알 수 있는 것

〈사진 3-75〉는 상당히 높은 공에 대한 스윙인데, 이런 코스의 공도 정확하게 포착할 수 있으려면 역시 〈사진 3-76〉처럼 보텀 핸드를 스윙을 하고 싶은 궤도의 역방향으로 뻗고 그 연장면 위에 배트가 위치한 자세로 일단 이행했다가 스윙을 해야 할 필요가 있다. 〈사진 3-75〉는 그 자세로 이행한 뒤에 보텀 핸드 쪽 어깨의 리드로 스윙을 하고 있는 모습이다.

실제로 이 스윙을 이용해서 타격을 하는 경우에는 〈사진 3-75 A〉처럼 자세를 잡는 것이 아니라 일반적인 자세에서 〈사진 3-75 B〉의 자세로 이행한 뒤에 스윙을 시작하게 된다. 즉 〈사진 3-72〉의 '교체 동작'이 커진 것이다.

높이가 높아진 만큼 큰 '교체 동작'이 필요하다는 뜻인데, 이것은 높은 공에 대한 스윙 방법으로서 배트를 공의 아래쪽에서 향하게 하지 않고 정면에서 향하게 하고 싶다면 많건 적건 '교체 동작'은 본질적으로 필요한 동작이라는 사실을 의미한다. 배트를 처음부터 눕혀서 자세를 잡는 선수라면 '교체 동작'이 반드시 필요하지는 않겠지만, 배트를 세우고 자세를 잡는 선수에게는 반드시 필요하다.

앞에서 "헤드를 세운다'에 대한 오해' 항목에서 헤드는 정말로 '세우는' 것이 아니라 체간의 회전과 보텀 핸드를 연동시켜 배트를 이끌어내는 신체 사용 방법이 갖추어져 있으면 필요 이상으로 '내려가지 않는'다고 설명하면서 헤드를 세워서 내밀려 하는 스윙 방법은 무리가 있다고

사진 3-75 상당히 높은 공에 대한 스윙

사진 3-76 스윙을 하고 싶은 궤도를 반대로 더듬은 보텀 핸드의 연장면 위에 배트가 위치한 자세

지적했다. 만약 정말로 헤드를 세워서 배트를 내밀고 싶다면 그것이 가능한 방법은 〈사진 3-75〉처럼 스윙 전에 일단 헤드를 그립보다 등 쪽으로 내리는 것이다.

  그 스윙을 실제로 실시한 것이 〈사진 3-77〉이다. 체간의 회전동작을 이용해서 배트를 이끌어내는 것이니까 그립보다 헤드가 내려간 '톱' 자세에서 스윙을 시작할 경우에 헤드가 서는 것은 당연한 현상이며, 이

사진 3-77 정말로 '헤드를 세우려면' 스윙 전에 헤드를 등 쪽으로 내린다

방법 이외에는 무리가 발생한다.

이처럼 테이크 백에서 헤드를 일단 그립보다 낮추고 스윙을 하는 방법은 노크knock(야구에서 수비 연습을 하기 위해서 공을 치는 일)를 치는 장면에서 일상적으로 볼 수 있다. 노크의 경우 임팩트에서 헤드가 내려가면 백스핀이 걸린 땅볼이 되는 등 실제와는 다른 타구가 되기 때문에 정말로 헤드를 세우고 쳐야 한다. 그 때문에 많은 분들이 이 스윙 방법을 자연 발생적으로 채용하고 있는 것이다. 지도자라면 충분히 공감할 것이다.

만약 톱 핸드 주체로 스윙을 하면서 헤드가 내려가는 버릇이 강한 선수가 아무리 노력을 해도 보텀 핸드의 리드를 익히기 어렵다면 이처럼 그립보다 헤드를 내린 '톱'을 만들어보는 것도 한 가지 방법이다. 이 '톱' 자세에서도 톱 핸드를 먼저 움직이는 스윙을 시작하면 헤드는 내려가버리지만, 헤드가 서기 쉬운 준비자세라는 부분과 상충되어 임팩트에서 헤드가 내려가는 현상은 어느 정도 줄일 수 있다. 다만 이런 '톱' 자세에서는 당연히 낮은 공에 대해 대응하기 어렵기 때문에 어디까지나 최종 수단이라고 생각해야 한다. 헤드가 내려가는 문제 때문에 고민이라면 한 번쯤 시도해볼 만한 가치가 있다는 정도다.

이처럼 실현하고 싶은 스윙 플레인의 각도와 그에 필요한 준비자세의 관계는 단순명쾌하다. 흔히 헤드를 세워서 스윙을 하기 위해 배트를 세운 자세를 잡고 그대로 내밀라고 말하는 경우가 있는데 실제로는 불가능하다. 설사 훈련과정에서 가능했다고 해도 단순히 헤드가 서 있을 뿐 정확성이 높은 스윙은 될 수 없다.

내가 여기에서 골프 스윙처럼 상당히 낮은 공에 대한 스윙과, 실제로는 거의 타격을 할 리가 없는 볼에 해당하는 높은 공에 대한 스윙을 이용하여 설명한 이유는 '스윙을 하고 싶은 궤도의 반대 방향으로 보텀 핸드를 뻗고 그 연장면 위에 배트가 위치하는 자세로 반드시 이행해야 한다'는 것이 어떤 코스의 공에 대해서도 정확하게 배트를 향할 수 있는 준비자세로서의 '톱'의 원리원칙이기 때문이다. 특정 코스에 적합한 '톱' 자세로만 스윙을 하다 보면 타격이 힘든 코스가 발생하고, 많은 단점을 낳는 원인이 된다.

극단적으로 말하면 스트라이크이건 볼이건 배트가 도달할 수 있는 범위 안에 들어오는 공이라면 어떤 공이건 각각의 코스에 맞는 준비자세로 이행할 수 있어야 한다.

24. 높은 공에 대해 스윙 플레인을 맞추는 방법

〈사진 3-78〉은 일본 야구 역사상 최강타자 중의 한 명인 왕정치王貞治 선수의 테이크 백 동작이다. 이 사진은 높은 공을 칠 때의 모습으로, 앞에서 설명한 보텀 핸드의 '교체 동작'이 잘 나타나 있다.

준비단계에서 〈사진 3-78 E〉까지는 보텀 핸드의 팔꿈치는 아래를 향하고, 좌우의 손의 위치 관계는 왼손이 오른손 위에 있으며 그립 엔드 grip end도 아래를 향하고 있다. 하지만 그 후 보텀 핸드의 어깨를 턱 아래로 끌어당기면서 테이크 백이 깊어짐에 따라 서서히 보텀 핸드의 팔꿈치는 옆으로 향하고 좌우의 손은 옆으로 나란히 수평을 이루도록 교체, 〈사진 3-78 H〉의 스윙이 시작될 때에는 보텀 핸드에서부터 배트에 걸친 라인을 수평 근처까지 쓰러뜨리면서 높은 공에 대해 수평으로 배트를 향하게 하는 스윙 플레인에 맞추고 있다. 이후에는 체간의 회전과 보텀 핸드 쪽 어깨의 리드로 배트를 이끌어낼 뿐이다.

이런 '교체 동작'은 모든 공에 대해서 항상 같은 식으로 이루어지는 것은 아니다. 낮은 공이라면 〈사진 3-78〉의 E나 F 정도의 각도로 스윙

사진 3-78 왕정치 선수의 테이크 백

을 시작한다. 공을 불러들이면서 테이크 백을 실시하고, 배트를 끌어당 긴 지점에서부터 스윙을 시작할 때까지의 움직임 속에서 보텀 핸드에서 부터 배트에 걸친 라인의 각도를 공에 어울리는 스윙 플레인에 맞추어 가는 것이다.

만약 〈사진 3-78 E〉와 같은 자세에서 스윙을 할 수밖에 없다면 낮은 공에 대해서는 대응할 수 있어도 높은 공에 대해서는 정면으로 배트를 맞추는 레벨 스윙은 할 수 없다. 높은 공에는 반드시 아래쪽에서 배트 가 나가게 되는데, 〈사진 3-78 E〉에서의 보텀 핸드에서부터 배트에 걸 친 라인은 낮게 향하는 비스듬한 스윙 플레인에 맞기 때문에 그대로 휘 두르면 비스듬한 스윙 플레인 밖에 만들 수 없는 것이다.

그 때문에 그런 선수는 낮은 공은 높은 확률로 타격을 할 수 있지만, 높은 공은 제대로 타격하지 못하는 경향을 보인다.

물론 이것은 확률 문제이며, 높은 공은 절대로 칠 수 없다는 의미는

아니다. 높은 공에 대해 배트가 아래쪽에서 나가더라도 스윙 속도로 보완할 수 있고, 그 때문에 타구가 높이 뜬다고 해도 그대로 스탠드까지 날려버리는 힘이 넘치는 타자도 프로 선수들 중에는 분명히 존재한다. 그러나 낮은 공에는 강하고, 높은 공에는 배트가 아래쪽에서 나와 타격 비율이 떨어지는 경우가 많다는 사실은 변함이 없다.

따라서 아무리 큰 활약을 하고 있는 프로 선수라고 해도 표면적인 특징만을 보고 안일하게 흉내 내어서는 안 된다. 어떤 공이건 보텀 핸드에서부터 배트에 걸친 라인을 공에 향하는 스윙 플레인에 맞추는 준비 자세를 갖출 수 있다면 정확성은 높아지고, 그렇지 않을 경우에는 정확도가 매우 떨어진다는 본질을 무시해서는 안 된다.

25. 테이크 백 동작은 어깨로 실시한다

 왕정치 선수의 이 테이크 백 동작은 군더더기가 거의 없다. 〈사진 3-78 H〉에서는 배트가 마치 보텀 핸드를 연장시킨 것처럼 보텀 핸드의 어깨에서부터 팔꿈치, 그립에 걸친 라인의 연장면 위에 위치해 있는데, 그 관계는 준비단계에서부터 이미 갖추어져 있다. 테이크 백을 실시하는 도중에 그 면이 작은 면에서 큰 면으로 확대되면서 옆으로 눕혀졌을 뿐 배트는 줄곧 보텀 핸드를 연장시킨 것 같은 각도를 유지하고 있는 것이다.
 이것은 테이크 백에서 배트의 각도 변화를 손목으로 조작하지 않고, 보텀 핸드 쪽 어깨의 움직임을 중심으로 팔 전체를 이용해서 조작하고 있다는 의미다.
 준비단계에서의 보텀 핸드 쪽 앞 팔(팔꿈치에서 손목에 걸친 부분)과 배트와의 각도를 보면 거의 90도의 관계를 이루고 있는데, 이 각도는 테이크 백 도중은 물론 '톱'이나 스윙을 시작할 때에도 전혀 바뀌지 않는다. 보텀 핸드의 앞 팔과 배트의 관계를 일정하게 유지한 채 테이크 백과 스윙으로 향하는 '교체 동작'이 이루어지는 것이다.

그런데 테이크 백은 무엇 때문에 하는 것일까. 단순하게는 강한 공을 치기 위해 미트 포인트까지의 가속거리를 길게 잡기 위해서이지만, 세밀하게는 〈사진 3-78 G〉처럼 스윙을 시작하는 준비자세로서 투수 쪽의 옆구리에서부터 어깨에 걸친 라인이 비틀어지는 스트레치 상태를 만들기 위해서다. 이 '비틀림'을 만들어야 스윙을 시작할 때 상체의 회전 동작이나 그에 따르는 보텀 핸드 쪽 어깨의 리드 동작을 작용시킬 수 있으며, 보다 군더더기 없이 날카롭게 배트를 앞으로 내밀 수 있다.

그리고 이 '비틀리는' 스트레치 상태를 만들려면 투수 쪽에서 볼 때 옆 방향인 골반을 기준으로 상체를 비트는 것이 아니라 보텀 핸드 쪽의 흉곽과 견갑골만의 움직임을 사용해서 어깨를 턱 밑 근처까지 넣어야 한다. 따라서 테이크 백은 보텀 핸드 쪽 어깨의 동작이 중심이 되어 이루어져야 한다.

그렇다고 테이크 백에서 손목을 움직여서는 안 된다는 말이 아니다. 손목을 움직이는 좋은 타자도 많이 있다. 그러나 그런 타자들 역시 보텀 핸드 쪽 어깨의 움직임이 테이크 백 동작의 중심으로 작용하고 있는 상태에서 손목을 움직이는 것이다.

26. 준비단계의 차이에 의해 발생하는 높낮이에 대한 대응의 차이

　왕정치 선수가 '교체 동작'을 실시하는 이유는 높은 공이기 때문이지만, 배트를 세워 준비자세를 갖추기 위해서이기도 하다. 배트를 눕혀 준비자세를 갖추는 선수라면 높은 공에 대해 그대로 회전을 하면서 배트를 공에 맞출 뿐이다. 준비단계에서의 배트의 각도 차이에 의해 높낮이에 대한 대응 방법이 달라지는 것이다.

　그런 사실을 보여주는 것이 〈사진 3-79, 3-80, 3-81, 3-82〉다. 〈사진 3-79, 3-80〉은 배트를 세워 준비자세를 갖추고 있는 경우로 각각 높은 공과 낮은 공에 대한 스윙이고, 〈사진 3-81, 3-82〉는 배트를 눕혀 준비자세를 갖추고 있는 경우로 각각 높은 공과 낮은 공에 대한 스윙이다. 높은 공에 대한 스윙은 낮은 공과는 다르다는 사실을 명확하게 하기 위해 스트라이크 존을 가득 채우는 것보다 높게, 완전한 레벨 스윙이 되는 면을 따라 스윙을 하고 있다.

　우선 배트를 세워 자세를 갖추고 있는 경우에 높게 스윙을 하고 있는 〈사진 3-79〉에서는 C~D에서 '교체 동작'을 실시하고 있다는 데에 비

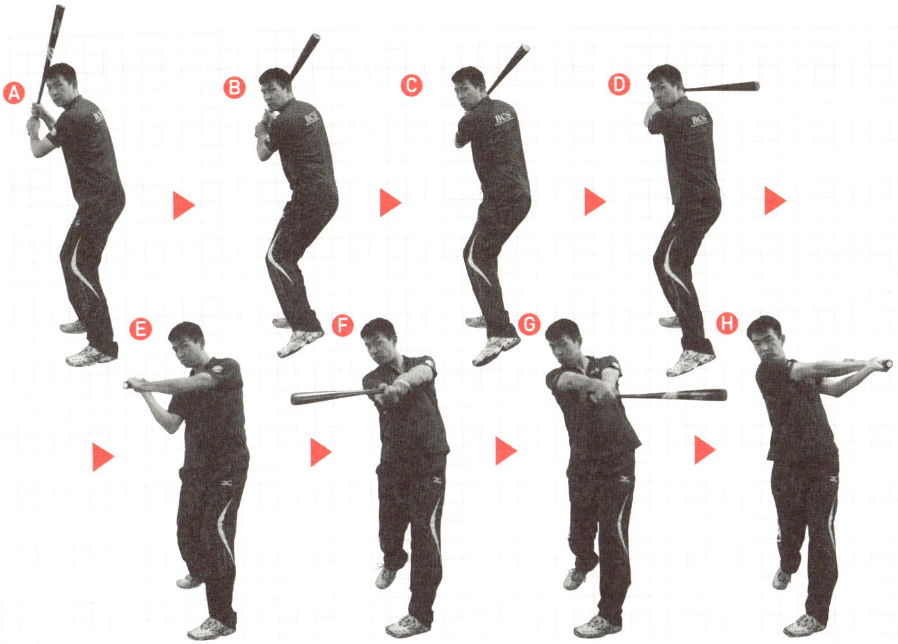

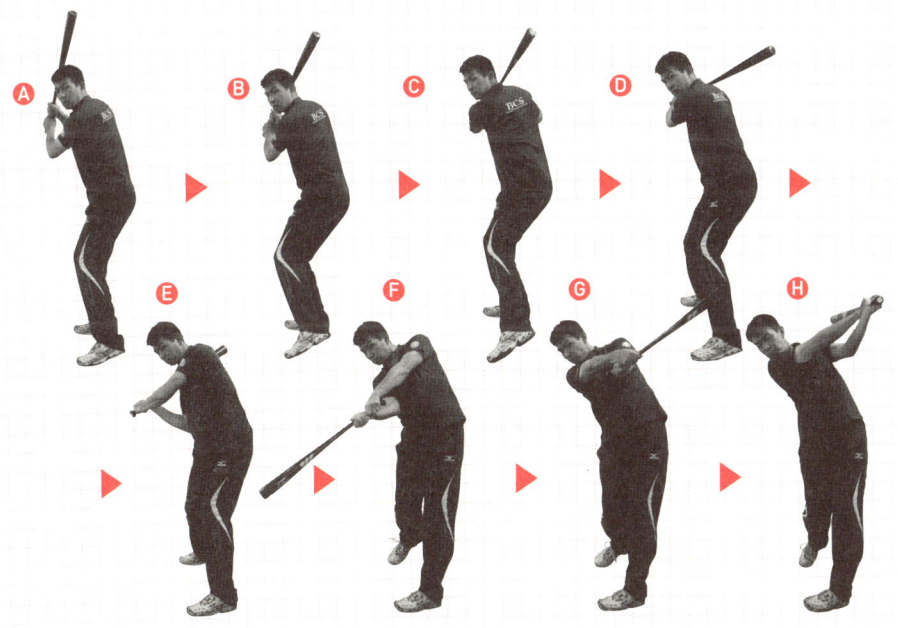

사진 3-79 배트를 세운 준비자세에서의 높은 공에 대한 스윙

사진 3-80 배트를 세운 준비단계에서의 낮은 공에 대한 스윙

제3장 상체의 회전동작과 보텀 핸드의 중요성 ••• 157

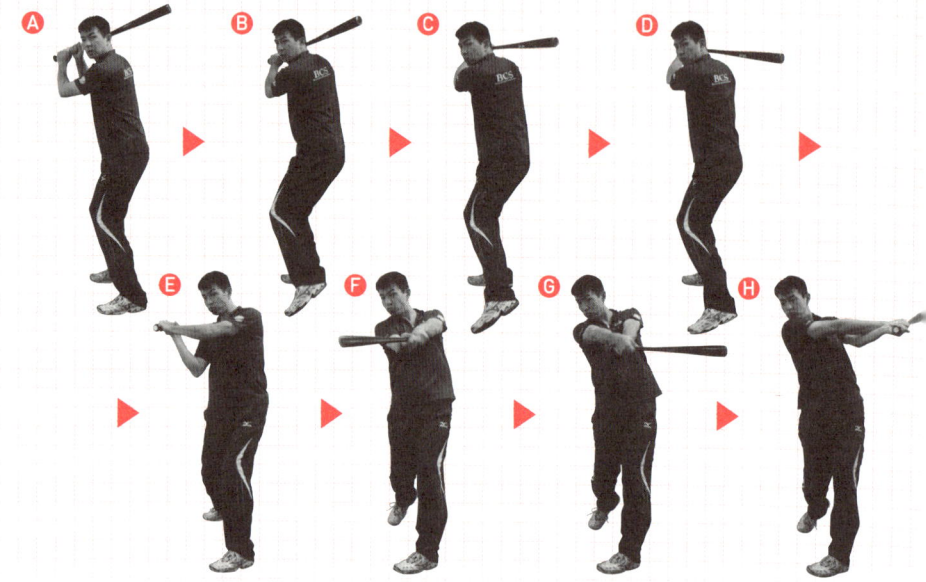

사진 3-81 배트를 눕힌 준비자세에서의 높은 공에 대한 스윙

사진 3-82 배트를 눕힌 준비자세에서의 낮은 공에 대한 스윙

사진 3-83 뒤쪽 허리의 직선 이동과 두 어깨의 각도 변화로 스윙을 낮게 가져간다

하여, 낮게 스윙을 하고 있는 〈사진 3-80〉에서는 '교체 동작'이 보이지 않는다.

〈사진 3-79, 3-80〉 각각의 D~F를 보면 모두, F의 배트를 휘두르고 있는 각도에 대해 D에서는 보텀 핸드에서부터 배트에 걸친 라인을 정반대 방향으로 향한 준비자세를 만들고 있다. 즉 보텀 핸드에서부터 배트에 걸친 라인의 각도를 스윙을 하고 싶은 스윙 플레인의 각도에 맞춘 뒤에 보텀 핸드가 주체가 되어 체간의 회전을 이용해서 스윙을 하여 원하는 방향으로 배트가 향하게 하는, 흔들림 없는 스윙을 실현하고 있다.

여기에 비하여 배트를 눕히고 준비자세를 갖추고 있는 경우인 〈사진 3-81, 3-82〉에서는 둘 다 '교체 동작'은 이루어지지 않고 있다.

처음부터 배트를 눕히고 있으니까 테이크 백에서 배트를 당기는 것만으로 보텀 핸드에서부터 배트에 걸친 라인이 높은 스윙 플레인에 맞기 때문에 당연하다.

따라서 스윙을 할 때 보텀 핸드가 주체가 되어 배트를 끌어낼 수만 있다면 〈사진 3-81〉처럼 단지 테이크 백을 한 뒤에 회전동작으로 배트를 휘두르는 것만으로 배트는 헤드가 내려가는 일 없이 높은 스윙 플레인을 따라 휘둘려진다.

하지만 단지 테이크 백을 하는 것만으로 높은 스윙 플레인에 맞추어지는 것이니까 낮은 공에 대해서는 스윙 플레인에 맞는 '톱'이라고 말할 수 없다. 〈사진 3-82〉의 D와 F의 배트 각도의 차이에서도 알 수 있다. 그러나 스윙을 시작한 E에서는 보텀 핸드의 각도와 배트의 각도가 모두 스윙 플레인 위로 올라와 있다. 즉 낮은 스윙 플레인에 맞추기 위해 필요한 동작이 스윙을 하는 동작에 포함되어 있다는 것이다.

그 동작은 골반과 상체의 움직임이다. 〈사진 3-83 A~C〉처럼 뒤쪽 허리를 직선으로 앞으로 진행시켜 '배트를 안쪽에서 내밀기' 위한 하반신 사용 방법 및 동시에 두 견갑골의 움직임을 이용해서 보텀 핸드 쪽 어깨를 올리고 톱 핸드의 어깨를 내려 상체를 옆으로 굽히는 방식으로 수평의 스윙 플레인에 맞춘 '톱' 자세에서도 낮은 공에 정면으로 배트를 내미는, 비스듬한 스윙 플레인 위로 배트를 향하게 할 수 있다. 특히 인코너 낮은 공을 칠 때일수록 이런 식으로 신체를 사용해야 한다.

스텝에서 허리의 전방 이동이 없고 몸도 굳어서 충분한 '비틀림'이 만들어지지 않아 골반과 상체를 함께 움직일 수밖에 없는 선수, 또는 '비틀림'을 만들 능력이 있다고 해도 축각에 체중을 남긴 채 골반의 슬라이드 동작을 구사하지 않고 그 자리에서 골반을 옆으로 회전시키는 선수는 낮은 공에 대하여 이런 대응을 할 수 없다.

27. 준비단계보다 '톱'이 더 중요

이상과 같은 점에서 보면 테이크 백에서 스윙 시작에 이르는 움직임 중에서 보텀 핸드에서부터 배트에 걸친 라인의 각도를, 공을 향하는 스윙 플레인에 맞출 수만 있으면 첫 준비자세는 어떤 것이더라도 상관이 없다고 말할 수 있다. 〈사진 3-84 A〉나 〈사진 3-85 A〉의 준비자세는 실제로 존재하는 프로 야구선수의 준비자세를 흉내 낸 것인데, 이런 자세를 잡을 경우 최종적으로 〈사진 3-84 G, 3-85 G〉와 같은 자세로 이행할 수만 있다면 아무런 문제가 없다. 바꾸어 말해서 본질적으로 중요한 포인트는 스윙을 하려 할 때의 자세, 즉 '톱' 자세에 있다.

흔히 테이크 백일 때 그립을 일단 내렸다가 다시 올리는 '히치hitch'라고 불리는 동작은 바람직하지 않다고 말하지만, '교체 동작'을 이끌어내기 위한 일련의 흐름이라고 받아들이는 경우에는 반드시 나쁜 동작은 아니다. '교체 동작'을 실시하지 않고 고정되어 있는 테이크 백보다는 오히려 좋은 동작이라고 말할 수 있다. 일단 내렸던 그립을 다시 올리지 않고 내린 지점에서 그대로 스윙을 하는 경우 스윙 플레인 등과 전혀

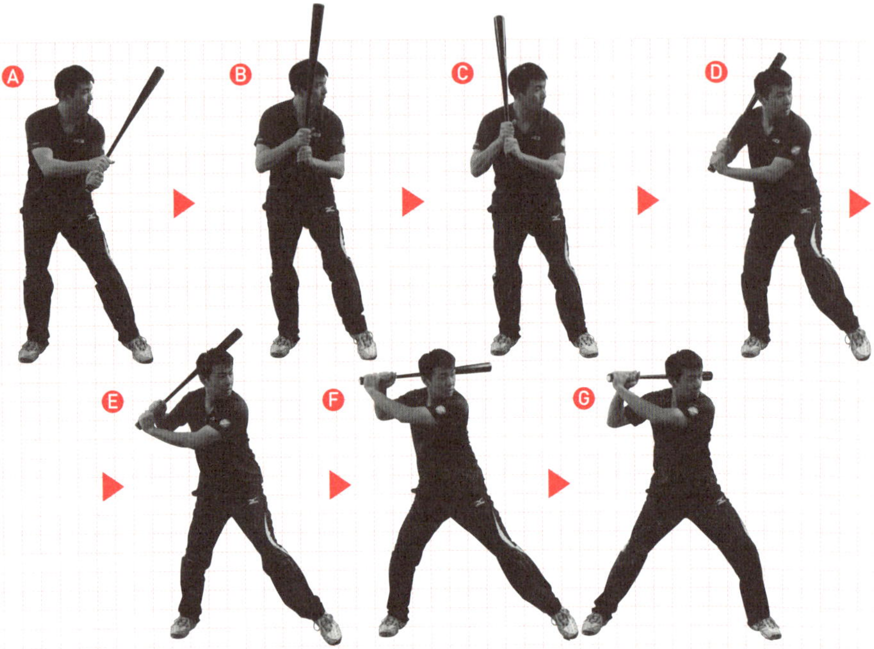

사진 3-84 개성적인 준비자세를 갖추는 선수도 톱 자세는 거의 공통되어 있다

사진 3-85 적절한 톱 자세로 이행할 수 있으면 준비자세에 정해진 규칙은 없다

관계가 없는 자세에서 스윙을 하기 때문에 나쁜 것이다.

또 준비자세는 어떤 것이어도 상관이 없다고 말했지만, 만약 자기 마음대로 준비자세를 잡았다가 적절한 '톱' 자세로 이행할 수 없는 경우라면 이야기가 다르다. 이런 선수라면 높은 공에 대해 수평으로 배트를 내민다는 기준을 삼고 그렇게 하기 위해 '톱' 자세로 이행하기 쉬운 준비자세는 무엇인지 모색해보아야 한다.

높은 공에 대해 헤드가 내려가는 일 없이 레벨 스윙으로, 또 헤드가 '멀리 돌아가거나' 빨리 뒤집혀지는 일도 없이 스윙을 할 수 있다는 것은 상체의 회전동작에 따르는 보텀 핸드 쪽 어깨의 리드를 이용하는 스윙 동작의 중요한 포인트가 포함되어 있다는 의미이기 때문에 거기에 스윙의 기준을 더하면 모든 공에 대해 바람직한 스윙을 할 수 있다.

제4장

톱 핸드 움직임의 메커니즘

● ● ●

펀치력을 낳는다고 일컬어지는 톱 핸드. 여기에서는 그 톱 핸드가 어떤 식으로 움직여야 하며, 그 움직임은 어떤 구조로 실현되는 것인지 알아보기로 한다.

1. 톱 핸드 주체의 기술론에 관한 의견

지금까지 보텀 핸드 쪽 움직임의 중요성에 관하여 반복적으로 설명해왔다. 이유는 그 움직임이 타격에 있어서 가장 중요한 효과적인 스윙 궤도를 실현하기 위해 절대적인 포인트임에도 불구하고 그 중요성에 관해서는 구체적으로 논의되는 경우가 거의 없기 때문이다. 그뿐만 아니라 스윙 궤도에 문제가 발생하는 대부분의 원인이 톱 핸드 주체로 배트를 조작하고 있다는 데에 있음에도 불구하고 톱 핸드 주체의 기술론마저 존재하고 있다. 나는 이 현상을 한시라도 빨리 바꾸고 싶다.

'헤드가 내려간다', '헤드가 멀리 돌아간다', '헤드가 빨리 뒤집힌다', '왼쪽 옆구리가 비어 있다', '오른쪽 옆구리가 비어 있다' 등 스윙의 나쁜 버릇이라고 불리는 것들 대부분은 톱 핸드 주체로 배트를 조작하고 있다는 데에 원인이 있다. 그런 상태에서 톱 핸드 사용 방법을 의식하게 해도 보다 강하게 톱 핸드를 사용하려 할 뿐 주체가 되는 팔은 바뀌지 않기 때문에 근본적인 해결은 되지 않는다.

그러나 지금까지 톱 핸드는 어떻게 움직여야 하는가 하는 점에 관해서는 거의 언급하지 않았기 때문에 이번 장에서는 톱 핸드의 움직임과, 그 움직임과 관련이 있는 어깨를 오므리는 동작의 중요성에 관하여 설명해보기로 한다.

2. 톱 핸드의 움직임

톱 핸드 사용 방법에 관해서는 〈사진 4-1, 4-2〉처럼 임팩트 때의 손목의 각도가 해머로 두드리는 경우와 비슷하다는 점에서 '해머로 두드리듯 사용한다'고 표현하는 경우가 있다. 그러나 임팩트에서는 손목의 모양이 확실히 그런 식이 되지만, 스윙에서의 톱 핸드 사용 방법까지 그렇게 사용한다는 말은 지나치게 단편적이다. 이것은 완전한 오해이며, 절대로 그런 식으로 사용해서는 안 된다.

공에 대해 해머를 수평으로 두드릴 때처럼 톱 핸드를 움직이면 〈사진 4-3〉처럼 앞 팔을 수평으로 눕힌 상태에서 앞으로 내미는 동작이 된다. 이것을 스윙을 하는 도중에 재현하려고 하면 앞 팔을 빨리 수평으로 눕히기 위해 〈사진 4-4〉처럼 스윙을 시작한 직후에 반드시 배트가 몸에서 떨어지고, 헤드는 포수 쪽에서 크게 '멀리 돌아 나가는' 스윙 궤도를 그린다.

모든 코스와 구질에 적절하게 대응하려면 이른바 '배트를 안쪽에서 내민다'는 원칙이 지켜져야 한다. 그리고 '배트가 안쪽에서 나오는' 상태는 '톱'에서의 배트와 어깨 끝의 거리, 위치 관계가 바뀌지 않는 상태로

사진 4-1 임팩트 때의 손목의 각도

사진 4-2 해머로 두드릴 때의 손목의 각도

사진 4-3 해머로 공을 수평으로 두드릴 때의 톱 핸드

사진 4-4 해머로 수평으로 두드리는 톱 핸드 사용 방법을 재현한 스윙 동작

제4장 톱 핸드 움직임의 메커니즘 ••• 169

앞으로 진행되는 것이며, 그것은 상체의 회전과 연동한 보텀 핸드 쪽 어깨의 리드로 배트를 이끌어낼 수 있어야 실현할 수 있다. 〈사진 4-5 A~C〉를 보면 '톱'에서의 배트와 어깨 끝의 거리나 위치 관계가 바뀌지 않은 상태로 배트가 앞으로 나아가고 있다는 사실을 알 수 있다.

이렇게 해야 배트는 공을 향하여 군더더기 없이 '최단거리'를 이용해서 빠르게 나아갈 수 있으며, 공을 가까이 끌어당기더라도 적절한 포인트에서 임팩트에 맞출 수 있다.

이 '배트를 안쪽에서 내민다'는 '최단거리' 스윙에서 배트가 반드시 어깨 끝 부위에서 나간다는 말이다. 어깨와 머리 사이가 아니며, 톱 핸드의 상완부 바깥쪽에서도 아니다. 이 어깨 끝 부위는 해부학적으로 '견봉 肩峰'이라고 부르며, 이 '견봉'에서 배트가 나가는 것은 기본적으로 모든 코스에 공통된다. 아웃코너 공이나 낮은 공에 대한 스윙에서는 배트가 '견봉'으로부터 약간 빨리 떨어지기 때문에 감지하기 어려울 수도 있지

사진 4-5 톱에서의 배트와 어깨 끝의 거리나 위치 관계가 바뀌지 않는 상태에서 스윙을 시작해야 한다

만, '톱'에서부터 회전동작을 이용해서 배트를 이끌어내는 것은 어떤 코스에 대해서도 마찬가지이기 때문에 배트는 반드시 '견봉'으로부터 나가는 것이다.

이런 점에서 임팩트 때의 손목의 모양이 '해머로 두드릴' 때와 비슷한 형태가 되어 있다고 해서 실제로 '해머로 두드리는' 경우와 마찬가지로 톱 핸드를 움직이지는 않는다는 사실을 이해했을 것이다. '해머로 두드리는' 움직임에서의 톱 핸드는 앞 팔을 일찌감치 수평으로 눕히고 그대로 앞으로 진행하지만, '견봉'으로부터 배트를 내밀려면 앞 팔은 세워야 한다. 〈사진 4-5, 4-6〉처럼 '앞 팔은 세운 상태에서 임팩트를 향하여 점차 눕혀가도록 움직인다'는 것이 효과적인 스윙 동작을 실시했을 때 결과적으로 발생하는 톱 핸드의 움직임이다. 그리고 톱 핸드의 움직임이 그렇게 되는 이유는 보텀 핸드가 주체가 되어 스윙 궤도를 만들고, 톱 핸드는 그 움직임에 의해 규정된 상황 속에서 움직이고 있기 때문이다.

사진 4-6 앞 팔은 세운 상태에서 점차 눕혀 간다

3. 어깨를 오므리는 동작의 중요성

〈사진 4-7〉을 보면 상체의 방향이 골반의 방향보다 앞서가고 있다. 좌우의 허리뼈를 연결한 선과 좌우의 어깨를 연결한 선을 이미지해 보면 알 수 있을 것이다. 〈사진 4-8〉까지 오면 더욱 확실하게 알 수 있다. '톱'에서는 상체의 방향이 골반의 방향보다 앞서 있기 때문에(사진 4-9) 회전을 하고 있는 골반 위에서 상체의 회전동작이 작용하여 스윙이 이루어지는 것이다.

또 이 〈사진 4-7〉과 비슷한 자세를 확대한 〈사진 4-1〉이나 〈사진 4-10〉을 보면 톱 핸드의 어깨가 턱 아래로 들어가 있다는 사실을 알 수 있다. 앞에서 설명했듯 상체의 회전이라는 것은 한쪽 어깨가 오므려지고(흉곽이 오므려져 견갑골이 외전한다), 다른 한쪽 어깨가 등 쪽으로 당겨져(흉곽이 열려 견갑골이 내전한다) 그곳에 등뼈 하나하나가 약간씩의 회선이 더해지면서 발생한다.

다시 말해 스윙을 할 때 톱 핸드의 어깨는 앞쪽으로 오므려져 보텀 핸드 쪽 어깨의 리드와 공동으로 상체에 회전동작을 일으키면서 배트를

사진 4-7 임팩트에서는 상체의 방향은 골반의 방향을 앞질러 있다

사진 4-8 상체가 골반을 완전히 추월한 팔로우 스루

사진 4-9 톱에서는 상체의 방향은 골반의 방향보다 들어가 있다

사진 4-10 상체의 회전에 따르는 어깨의 오므림에 의해 톱 핸드의 팔꿈치는 동체 앞쪽으로 들어간다

사진 4-11 어깨를 오므리는 움직임

사진 4-12 타격에서의 하반신 움직임에서 톱 핸드의 어깨를 오므린 자세(정면)

사진 4-13 타격에서의 하반신 움직임에서 톱 핸드의 어깨를 오므린 자세(옆면)

사진 4-14 어깨를 멈춘 채 팔꿈치를 명치 앞으로 다가가도록 하는 자세

재빨리 앞으로 진행시키는 것이다.

〈사진 4-11〉은 어깨를 오므리는 움직임으로, 앞 팔이 선 채 팔꿈치가 명치 앞으로 들어가 있다. 〈사진 4-12, 4-13〉은 어깨의 이런 움직임을 타격 동작 과정에서 실시한 것이다. 여기에서는 톱 핸드 쪽 어깨의 오므림과 보텀 핸드 쪽 어깨의 당겨짐을 작용시켜 상체의 회전동작만으로 어느 정도의 가동 영역을 만들 수 있는지를 제시하기 위해 골반의 방향을 최대한 옆으로 향하고 있다.

상체의 회전동작만으로도 흉곽이나 견갑골을 충분히 움직일 수 있으면 상체가 투수를 정면으로 마주보는 지점까지의 방향 교체가 가능하다는 사실, 그리고 상체의 회전동작을 강화하기 위해 톱 핸드의 어깨를 오므리는 것으로 팔꿈치는 명치 앞으로 옮겨진다는 사실을 알 수 있다. 실제로 스윙을 하고 있는 〈사진 4-10〉을 보아도 톱 핸드의 어깨가 턱 아래로 들어옴에 따라 팔꿈치는 명치 앞으로 파고들고 있다.

즉 '배트를 안쪽에서 내민다'는 것을 실현하기 위한 톱 핸드 사용 방법으로, 흔히 이야기하는 '팔꿈치를 명치 앞으로 넣는다'는 동작은 어깨를 오므리는 동작에 의해 실현되는 것이라는 말이다. 팔 자체가 그 움직임을 실시하는 것이 아니라 견갑골이나 흉곽의 움직임이 담당하고 있는 것이다.

〈사진 4-14〉는 어깨를 오므리는 움직임이 나쁘다는 가정을 하고, 어깨의 움직임을 멈춘 채 팔꿈치를 명치 앞으로 다가가도록 한 것이다. 〈사진 4-11〉과 비교하면 팔꿈치는 명치 앞으로 들어가지 않고 앞 팔이 바깥쪽으로 쓰러지는 움직임(어깨의 외선)이 발생하고 있다.

이것은 톱 핸드의 견갑골이나 흉곽은 그다지 움직이지 않는 상태에서 팔의 움직임으로 팔꿈치를 명치 앞으로 넣는다는 데에만 얽매이면 헤드가 내려가는 스윙을 하게 된다는 의미다.

　이런 내용들을 종합해보면 모든 것이 이치에 맞는다. 상체의 회전을 이용해서 배트를 이끌어내는 동작은 톱 핸드 쪽 어깨의 오므림 동작을 수반한다. 그렇기 때문에 스윙 초기에는 톱 핸드 쪽 앞 팔이 선 채로 있을 수 있고, 배트는 '톱'에서 어깨와 가까운 거리가 유지된 채 '견봉'으로부터 앞으로 나간다. 그리고 많은 선수들이 '배트를 안쪽에서 내밀기' 위한 움직임으로서 감각적으로 이해하고 있는 '톱 핸드의 팔꿈치를 명치 앞으로 넣는다'는 동작도 톱 핸드 쪽 어깨의 오므림 동작에 의해 실현된다. 그렇기 때문에 '배트를 안쪽에서 내민다'는 동작은 상체의 회전 동작을 이용해서 배트를 이끌어내는 과정을 통하여 실현된다는 이론과 맞아떨어지며, '안쪽에서'의 스윙에서는 배트가 반드시 '견봉' 지점에서부터 앞으로 나간다는 사실과도 합치된다.

　만약 '안쪽에서 배트를 내미는' 스윙이 톱 핸드 쪽 어깨의 오므림이나 상체의 회전동작과 관계없이 팔꿈치를 명치 앞으로 넣는 것만으로 실현되는 것이라면 톱 핸드의 앞 팔은 스윙 초기에 선 채로 있을 수 없고, 배트는 절대로 '견봉' 지점에서 나갈 수 없다.

　이제 날카로운 상체 회전동작을 이용해서 배트를 '안쪽에서 내밀기' 위해서는 톱 핸드의 어깨의 오므림 동작이 중요하다는 사실을 이해했을 것이다. 톱 핸드 사용 방법에서 중요한 것은 상체에 충분한 회전동작을 이끌어내려면 보텀 핸드의 견갑골 등 쪽으로 슬라이드 현상이 이루어져야 하며, 톱 핸드 쪽의 견갑골도 앞으로 슬라이드 하면서 자연스러운 어깨의 오므림 동작이 발생해야 한다는 것뿐이다. 앞 팔이 선 상태에서 임팩트를 향하여 점차 눕혀가는 팔의 움직임이 효과적인 스윙을 위한 톱 핸드 사용 방법이지만, 보텀 핸드가 주체가 되는 스윙을 할 수 있으면 자동으로 그렇게 되기 때문에 그런 식으로 톱 핸드를 사용하는 방법을 따로 훈련할 필요는 없다.

〈사진 4-5, 4-6〉에서 상체의 회전에 의해 보텀 핸드의 라인대로 스윙 궤도가 만들어지고 있다는 것을 보아도 회전동작과 연동하여 배트를 이끌어내고 스윙을 리드하는 주체는 보텀 핸드 쪽의 움직임에 있다는 사실을 확인할 수 있다. 그리고 스윙 초기에는 톱 핸드 쪽 앞 팔이 선 상태이고, 그 이후에 임팩트를 향하여 점차 눕혀간다는 것은 결국 스윙 초기의 톱 핸드는 어깨의 오므림 동작에 의해 상체의 회전동작을 강화하기 위해서만 작용한다는 것이다. 그리고 그 움직임에 의해 톱 핸드가 몸 앞으로 파고들어간다면 그 후에 팔을 뻗는 궤적은 스윙의 주체가 되어 있는 상체의 회전이나 보텀 핸드의 리드에 의해 만들어지는 것이라고 말할 수 있다.

하지만 톱 핸드는 헤드 쪽을 움켜쥐고 있는 팔이기 때문에 그 강도는 타구의 속도나 비거리에 큰 영향을 끼친다. 그래서 톱 핸드의 '밀어 넣기' 등 순간적인 임팩트에서는 실제로는 있을 수 없는 감각적인 표현이 존재하는 것이다. 그러나 톱 핸드는 어디까지나 보텀 핸드가 주체가 되어 만들어진 스윙 궤도의 움직임 속에서 힘을 발휘해야 하며, 만약 톱 핸드의 힘이 지나치게 우위에 서서 직접 스윙 궤도를 낳는 주체가 되어

버리면 스윙에 여러 가지 문제가 발생한다. '한 번 맞으면 장타이지만 좀처럼 맞지 않는다'거나 '직구에는 강하지만 변화구에는 약하다'는 것은 톱 핸드 주체로 스윙을 하는 선수들의 특징이다.

4. 어깨의 오므림과
   상체 회전동작의 관계

〈사진 4-15, 4-16, 4-17, 4-18〉은 배트를 사용하지 않는 스윙 동작으로 보텀 핸드만을 휘두르는 모습인데, 〈사진 4-15, 4-17〉은 톱 핸드의 어깨를 오므리는 동작도 동시에 실시한 것이고, 〈사진 4-16, 4-18〉은 톱 핸드의 어깨를 고정해 놓고 실시한 것이다.

한눈에 그 차이를 알 수 있을 것이다. 여기에서 전하고 싶은 말은 상체의 회전동작은 톱 핸드의 어깨를 오므리는 동작 없이는 성립될 수 없다는 점이다.

지금까지 보텀 핸드 쪽 어깨의 리드가 얼마나 중요한지를 설명하면서 '보텀 핸드 쪽 어깨의 리드=상체의 회전동작'이라는 취지로 이야기했다. 그 이유는 보텀 핸드 쪽 어깨의 리드는 단순히 어깨를 등 쪽으로 끌어당기는 동작이 아니라, '톱'에서 보텀 핸드 쪽 어깨가 오므려진 상태에서(사진 4-19) 임팩트에서 보텀 핸드의 어깨가 등 쪽으로 끌어당겨진 상태까지(사진 4-20) 상체의 회전동작이 작용하는 과정에서 흉곽과 견갑골이 자연스럽게 그런 식으로 움직이는 상체 회전동작의 일부이기

사진 4-15 톱 핸드의 어깨를 오므린 상태에서의 보텀 핸드의 스윙 동작(정면)

사진 4-16 톱 핸드의 어깨를 고정시킨 상태에서의 보텀 핸드의 스윙 동작(정면)

사진 4-17 톱 핸드의 어깨를 오므린 상태에서의 보텀 핸드의 스윙 동작(비스듬히 정면)

사진 4-18 톱 핸드의 어깨를 고정시킨 상태에서의 보텀 핸드의 스윙 동작(비스듬히 정면)

사진 4-19 톱에서의 보텀 핸드의 어깨가 오므려진 상태   사진 4-20 임팩트에서의 보텀 핸드의 어깨가 끌어당겨진 상태

때문이다.

상체의 회전동작은 한쪽 어깨의 등 쪽으로의 당김과 다른 쪽 어깨의 오므리는 구조의 조합에 의해 발생한다. 스윙에서는 '배트를 휘두른다'는 뇌로부터의 지령이 내려지면 무의식중에 상체의 회전동작을 시작하게 되고, 상체의 회전동작을 실시하려 하면 무의식중에 보텀 핸드 쪽 어깨의 리드와 톱 핸드를 오므리는 동작이 세트를 이루어 작용되어야 하는 것이다.

〈사진 4-15, 4-17〉과 〈사진 4-16, 4-18〉을 비교해 보면 〈사진 4-15, 4-17〉에서는 톱 핸드의 어깨가 오므려져 턱 아래로 들어가면서 상체가 빠르게 회전되고 보텀 핸드의 위치를 보다 빨리 이동시키고 있다는 데에 대하여, 〈사진 4-16, 4-18〉에서는 톱 핸드의 어깨가 오므려지지 않기 때문에 상체의 방향은 골반의 방향을 초월하지 못하고 보텀

핸드의 이동이 늦어지며 피니시에서는 상체와 골반이 같은 방향을 향하고 있다.

이 네 가지 사진에 표현되어 있는 동작에서는 보텀 핸드의 어깨가 정상적으로 움직이고 있기 때문에 상체의 방향이 골반의 방향을 따라가는 움직임까지는 이루어지고 있다.

〈사진 4-19〉처럼 '톱'에서는 보텀 핸드의 어깨가 오므려져 턱 아래로 들어가면서 상체의 방향은 골반의 방향보다 약간 들어간 지점에서부터 스윙이 시작된다. 이것은 골반째 뒤쪽으로 비트는 것이 아니라 보텀 핸드의 어깨를 오므리는 동작만으로 실현된다. 그렇기 때문에 스윙을 시작하는 시점에 상체의 회전동작을 작용시킬 수 있고, 그 시동에 의해 보텀 핸드 쪽 어깨의 리드가 이루어지는 것이다.

만약 보텀 핸드의 어깨가 충분히 오므려지지 않아 '톱'에서 턱 아래로 들어가지 않으면 '톱'에서의 상체와 골반의 방향은 완전히 같은 방향이 되며, 그 이후의 스윙 시작 단계에서 보텀 핸드 쪽 어깨의 리드가 작용하지 않기 때문에 상체의 회전을 이용해서 배트를 이끌어낼 수 없다. 이것은 '톱'에서 보텀 핸드의 어깨가 턱 아래로 들어갔다고 해도 그것이 어깨의 오므림이 아니라 골반째 뒤쪽으로 비트는 움직임에 의한 것인 경우에도 마찬가지다. 즉 상체와 골반이 항상 하나가 되어 방향을 바꾸는 회전이 되며, 단순히 전신의 방향을 바꾸는 움직임 속에서 톱 핸드가 주체가 되어 팔로 배트를 휘두르게 된다는 것이다.

이처럼 〈사진 4-15~4-18〉에서는 상체의 회전은 어느 정도 작용하고 있다. 하지만 〈사진 4-16, 4-18〉에서는 톱 핸드 쪽 어깨의 오므림이 수반되지 않기 때문에 상체의 회전이 충분히 이루어지지 않은 지점에서 멈추어버리는 것이다. 상체의 회전이 도중에 멈추면 톱 핸드는 빨리 뻗게 되고, 반드시 헤드가 빨리 뒤집어지는 현상이 발생한다.

5. 어깨의 오므림과
   헤드가 뒤집히는 관계

〈사진 4-21〉은 이른바 '앞으로 나란히' 자세이고, 〈사진 4-22〉는 그 상태에서 견갑골을 앞으로 내민 상태(견갑골의 외전), 〈사진 4-23〉은 반대로 견갑골을 뒤쪽으로 당긴 상태(견갑골의 내전)이다.

그리고 〈사진 4-22, 4-23〉의 상태에서 배트를 쥐면 각각 〈사진 4-24, 4-25〉처럼 된다.

견갑골을 앞으로 내밀고 있으면 두 팔을 뻗을 수 있지만(사진 4-24), 견갑골을 등 쪽으로 당긴 상태에서는 두 팔을 뻗을 수 없다(사진 4-25). 견갑골 위치의 차이에 의한 이런 차이는 당연히 스윙 동작의 차이, 스윙 궤도의 차이로도 나타난다.

〈사진 4-26, 4-27, 4-28, 4-29〉는 그 견갑골의 가능성 차이에 의한 스윙의 차이를 제시한 것이다.

〈사진 4-26, 4-27〉은 스윙을 할 때 견갑골이 잘 움직여져 어깨를 오므리는 동작이 충분히 작용하고 있는 경우의 스윙이고, 〈사진 4-28, 4-29〉는 그 어깨를 오므리는 동작이 작용하지 않으면 어떻게 되는지를

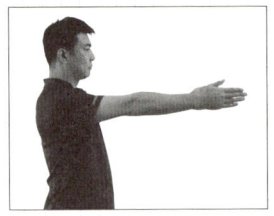

사진 4-21 '앞으로 나란히' 상태   사진 4-22 '앞으로 나란히'에서 견갑골을 앞으로 뻗은 상태   사진 4-23 '앞으로 나란히'에서 견갑골을 등 쪽으로 끌어당긴 상태

사진 4-24 견갑골을 앞으로 뻗고 배트를 쥔 상태   사진 4-25 견갑골을 등 쪽으로 당기고 배트를 쥔 상태

　분명하게 보여주기 위해 처음부터 끝까지 견갑골을 등 쪽으로 끌어당긴 상태로 스윙을 실시한 것이다.

　이 두 가지 스윙의 차이를 간단히 설명하면 팔이 뻗어 있는가 구부러져 있는가 하는 것이지만, 이 차이를 이해하는 데에 가장 중요한 핵심은 임팩트 때 헤드가 진행하는 방향의 차이다.

　여기에서는 설명을 위해 헤드가 뒤집어지기 시작하는가 그렇지 않은가의 기준을 좌우의 앞 팔과 배트가 이루는 각도가 거의 90도라면 '헤드는 뒤집어지지 않는다'고 보고, 90도보다 둔각이 될수록 '헤드가 뒤집어지기 시작한다'고 규정하기로 한다. 그런 규정 아래에서 〈사진 4-26 B〉

사진 4-26 견갑골이 올바르게 움직이고 어깨를 오므리는 동작이 충분히 작용한 스윙(정면)

사진 4-27 견갑골이 올바르게 움직이고 어깨를 오므리는 동작이 충분히 작용한 스윙(옆면)

사진 4-28 견갑골을 등 쪽으로 끌어당긴 채 휘두르는 스윙(정면)

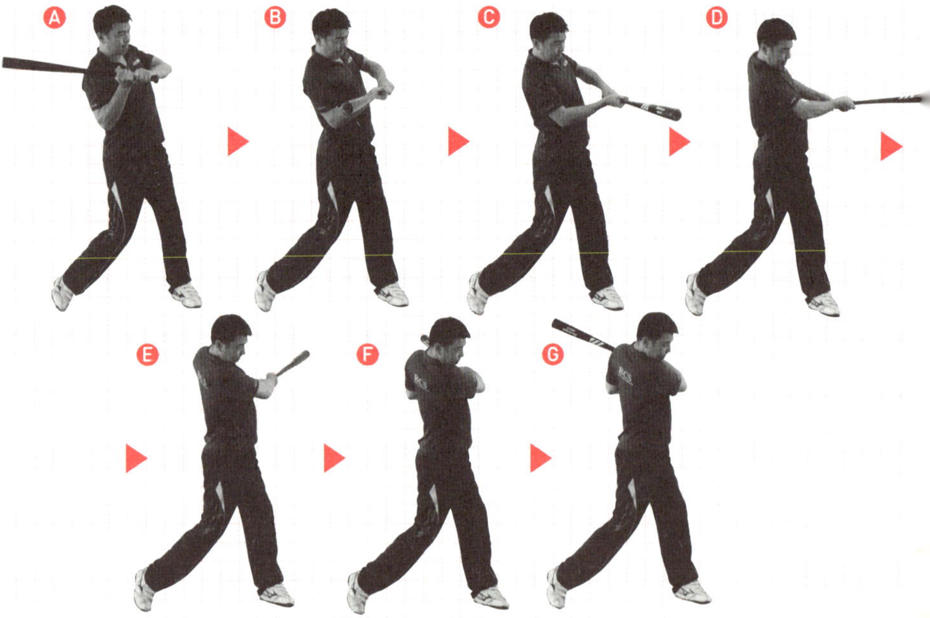

사진 4-29 견갑골을 등 쪽으로 끌어당긴 채 휘두르는 스윙(옆면)

와 〈사진 4-27 B〉를 보면 헤드는 아직 거의 뒤집어지지 않은 단계에서 임팩트를 맞이하는 스윙이 되어 있다는 사실을 알 수 있다.

반대로, 〈사진 4-28 D〉와 〈사진 4-29 C〉를 보면 헤드가 이미 뒤집어지기 시작하고 있는 상황에서 배트가 임팩트 존을 통과하고 있다. 더구나 그 헤드의 진행 방향은 3루 벤치 쪽으로 향하고 있다. 배트가 배를 가르듯 회전을 한다는 의미에서 흔히 '할복腹切リ'이라고 불리는 스윙이다.

〈사진 4-28, 4-29〉의 스윙은 가장 극단적으로 견갑골을 움직이지 않고 실시한 것이다. 이 정도까지 극단적인 선수는 거의 없지만, 어깨가 오므려지는 움직임이 나쁠 경우에는 많건 적건 헤드가 빨리 뒤집힌다는 점에서는 마찬가지다.

예를 들어 어깨를 오므리는 동작이 어느 정도 작용하는 선수라면 두 팔을 동시에 뻗을 수는 없다고 하더라도 어느 한쪽만이라면 충분히 뻗을 수 있다. 이 경우에도 톱 핸드가 서서히 뻗어나가 완전히 뻗기 전에는 보텀 핸드가 구부러지기 시작하기 때문에 헤드는 빨리 뒤집어지기 시작한다. 또 두 팔을 동시에 뻗을 수 있다고 해도 톱 핸드의 어깨를 오므리지 못하여 상체의 회전이 멈추어버리면 그립의 위치도 멈추고 헤드만 뒤집어지는 스윙으로 공을 포착하게 된다. 이것이 손목을 비트는 동작이다.

이런 식으로 헤드가 빨리 뒤집어지는 현상을 방지하고 임팩트에서 공을 '비틀지' 않고 끌어당기는 스윙을 하려면 톱 핸드의 어깨가 충분히 오므려지고 두 어깨의 교체 동작(상체의 회전)이 확실하게 작용해야 한다.

〈사진 4-26, 4-27〉의 스윙에서 헤드가 뒤집어지는 모습을 보면 〈사진 4-26, 4-27 각 B~F〉에서 헤드가 뒤집어지는 동안에도 그립의 위치가 계속 이동하고 있기 때문에 손목을 '비트는' 동작은 발생하지 않는다. 이것은 톱 핸드의 어깨가 턱 아래로 강하게 파고들고 있다는 점에 나타나 있듯 상체의 회전동작이 지속됨에 따라 헤드가 뒤집어지는 중간 지점이 팔로우 스루 쪽으로 옮겨지고 있기 때문이다. 두 팔이 뻗은 채 두 어깨의 교체 동작에 의해 배트가 진행하면서 헤드가 서서히 뒤집어지고 있는 것이다.

흔히 "헤드는 뒤집는 것이 아니라 자연스럽게 뒤집히는 것이다"라는 말은 이런 의미이며, '팔로우를 크게'라는 말도 "상체의 회전동작을 충분히 살려라"라는 의미다.

이처럼 두 팔이 뻗고, 두 어깨의 교체에 의해 배트가 진행하는 과정 속에서 자연스럽게 헤드가 뒤집히면 스윙이 '헤엄을 치듯' 흔들리는 일은 없다. 바꾸어 말하면 스윙이 '헤엄을 치듯' 흔들리는 선수는 어깨를 오므리는 동작이 충분히 이루어지지 않아 헤드를 뒤집을 때 두 팔이 동시에 뻗어 있는 상태가 발생하지 않거나 그 시간이 짧고, 그 때문에 톱 핸드가 빨리 덮여지는 움직임이나 보텀 핸드가 구부러지는 움직임이 발생하고 있다는 것이다.

보충설명을 한다면 '톱' 시점에서 보텀 핸드의 팔꿈치가 상당히 구부러져 있거나, 〈사진 4-19〉처럼 어느 정도 뻗은 상태를 만들지 못하는 이유는 보텀 핸드의 어깨를 오므릴 수 있는 가동 영역이 부족하기 때문이다. 그런 선수가 어떻게든 어깨를 넣으려 하면 어깨가 올라가기 쉽고, 그립이 등 쪽으로 지나치게 들어가는 경향을 보인다. 보텀 핸드의 어깨가 오므려지지 않으면 보텀 핸드 쪽 어깨의 리드는 충분히 이루어질 수 없기 때문에 많은 훈련이 필요하다.

이번 장의 이야기를 정리하면 "헤드가 내려가거나 '멀리 돌아가거나' 일찍 뒤집어지는 일 없이 배트가 안쪽에서 군더더기 없이 '최단거리'를 이용하여 빠르게 앞으로 나아가는 정확성이 높은 스윙을 실현하려면 보텀 핸드 쪽 어깨의 리드와 톱 핸드의 어깨를 오므리는 동작이 모두 충분히 이루어진 '상체 회전동작'이 매우 중요하다"는 것이 된다. 결국 지금까지의 설명들을 강조한 말에 지나지 않지만, 상체 회전동작의 토대를 이루는 견갑골과 흉곽의 가동성이 타격의 키 포인트라는 사실을 재인식할 수 있었을 것이다. 극단적으로 말해서 골반이 옆 방향을 향하고 있다고 해도 두 어깨를 충분히 교체할 수 있는, 매우 높은 가동 영역이 갖추어져 있다면 그것만으로도 모든 공에 대응할 수 있다.

반대로, 골반이 옆 방향에 가까우면 상체의 회전은 두 어깨를 충분히 교체할 수 있는 가동성이 부족하기 때문에 골반과 상체가 함께 앞으로 향하게 되고, 톱 핸드가 주체가 되어 공을 바깥쪽에서 때리는 듯한 스윙이 된다. 스윙 궤도의 이런 경향은 축각에 체중을 남기고, 그 자리에서 회전을 할수록 강해진다. 그리고 이것을 '열린다'고 표현하기 때문에 상체까지도 회전을 하지 않게 되어 보다 톱 핸드 주체의 스윙을 하게 되고, 톱 핸드 주체의 스윙을 하게 되면 헤드가 빨리 뒤집어져 변화구에 대응할 수 없기 때문에 더욱 '뒤에 남기는' 상태가 되어 악순환에 빠져

버린다.

 상체를 충분히 회전시켜 배트를 앞으로 이동시키는 움직임을 만들고, 하반신에서는 뒤쪽 허리를 내딛는 다리의 지탱점을 향하여 직선으로 앞으로 진행시키는 이른바 '벽'을 무너뜨리지 말아야 배트를 안쪽에서 군더더기 없이 재빨리 앞쪽으로 이동시킬 수 있으며 모든 코스, 모든 구질에 적절하게 대응할 수 있다.

제5장

스텝 동작의 메커니즘

스윙 전의 준비동작으로서 실시하는 스텝 동작. 그 방법은 선수에 따라 다양하지만 어떤 동작에서도 공통으로 지켜야 할 포인트가 있다. 여기에서는 그 스텝 동작의 본질을 알아보기로 한다.

1. 골반을 옆 방향으로 유지하는 중요성

준비단계에서부터 움직이기 시작할 때까지는 축각에 체중을 싣는다. 이때 내딛는 다리를 움직이는 방법은 발끝만을 지면에 닿게 하고 축각 쪽으로 몸을 기울이는 선수도 있고, 다리를 올리는 선수도 있는 등 그야말로 다양하다. 이것은 직접 스윙 궤도와 관련이 있는 동작은 아니기 때문에 선수 각자의 마음에 드는 동작을 선택하면 된다.

그러나 이처럼 '어떤 동작이건 상관없다'고 말할 수 있는 경우는 '땅을 스치듯 움직이는가', '한쪽 발을 들고 서는가'와 같은 다리의 움직임에 따른 분류를 이야기할 때다. 수많은 동작 중에서 자신의 마음에 드는 동작을 선택하면 되지만, 그 모든 동작에 공통적으로 반드시 지켜야 할 포인트가 있는데 '투수에 대해 골반을 옆으로 향한 상태를 유지한다'는 것이다(사진 5-1, 5-2, 5-3, 5-4).

〈사진 5-5, 5-6〉은 이른바 '땅을 스치는' 스텝 동작인데 준비단계에서 투수에 대해 옆 방향이 되어 있는 골반의 상태를 축각 쪽으로 체중을 옮기면서도 계속 유지하고 있다(사진 5-5 B, 5-6 B).

사진 5-1 땅을 스치듯 움직인다(옆면)

사진 5-2 땅을 스치듯 움직인다(정면)

사진 5-3 한 발로 움직인다(옆면)

사진 5-4 한 발로 움직인다(정면)

사진 5-5 골반의 방향을 투수에 대해 옆으로 향한 채 톱에서 '비튼다'(옆면)

사진 5-6 골반의 방향을 투수에 대해 옆으로 향한 채 톱에서 '비튼다'(정면)

여기에 비하여 〈사진 5-7, 5-8〉은 마찬가지로 '땅을 스치는' 스텝 동작이지만 축각 쪽으로 체중을 옮길 때 골반의 방향을 포수 쪽으로 회전시키고 있다(사진 5-7 B, 5-8 B).

이 양쪽의 차이는 그 후의 스텝에서부터 착지를 한 시점에서의 '톱' 자세의 결정적인 차이와 연결된다.

〈사진 5-5, 5-6〉에서는 골반의 방향이 착지까지 계속 투수에 대해 옆 방향을 유지하면서 상반신이 스텝에 맞추어 테이크 백 동작을 실시하고 있기 때문에, 착지할 때의 '톱'에서는 골반의 방향에 대해 상체의 방향이 들어가 있는 이른바 '비틀린' 자세가 만들어져 있다(사진 5-5 E).

한편 〈사진 5-7, 5-8〉에서는 축각에 체중을 싣는 움직임과 동시에 상반신에 테이크 백이 발생하여 골반이 포수 방향으로 깊이 들어간 채 스텝 동작이 이루어지고 있기 때문에, 착지할 때의 '톱'에서는 골반의 방향과 상체의 방향이 같은 방향을 향하고 있으며 '비틀림'이 만들어지지 않는다(사진 5-7 C).

이런 '비틀림'의 형성은 견갑골과 흉곽이 얼마나 잘 움직이는가 하는 문제와 깊은 관련이 있기 때문에, 단순히 골반의 방향을 투수에 대해 옆으로 유지한 상태로 스텝을 밟고 그 타이밍에 맞추어 상반신의 테이크 백을 실시한다고 해서 만들어지는 것이 아니다. 다만 적어도 골반의 방향이 포수 쪽으로 깊이 들어가버리면 그것만으로도 '비틀림'은 만들기 어렵다.

'톱'에서 골반의 방향과 상체의 방향이 틀어지는 관계를 만드는 '비틀림' 자세란 그 직후에 스윙을 시작할 때 상체의 회전동작을 작용시키기

사진 5-7 골반을 포수 쪽으로 넣으면 골반과 상체가 같은 방향을 향하기 때문에 '비틀림'이 발생하지 않는다(옆면)

사진 5-8 골반을 포수 쪽으로 넣으면 상체와 내딛는 다리의 무릎이 안쪽을 향한, 지나치게 깊은 톱이 만들어진다

위한 준비자세이다. 상체의 회전동작을 통하여 배트를 이끌어내는 과정에 의해 군더더기 없이 빠르게 배트를 앞으로 진행시키는 이른바 '최단거리' 스윙이 실현되는 것이다. 그 때문에 〈사진 5-7, 5-8〉처럼 골반과 상체가 같은 방향을 향한 '톱' 자세에서는 상체의 회전동작은 발생하지 않으며, 배트를 '최단거리'로 빠르게 진행시킬 수 없다.

폐해는 그뿐만이 아니다. 〈사진 5-7, 5-8〉의 '톱'에서는 골반과 상체가 모두 포수 방향으로 들어가 있고, 그 때문에 그립이 투수 쪽에서 볼 때 목 뒤쪽에 보일 정도로 깊이 등 쪽으로 들어가고(사진 5-8 C), 배트의 헤드도 보다 투수 방향을 향하여 깊이 들어가 있다(사진 5-7 C). 이렇게 되면 아웃코너의 공에는 스윙의 가속거리를 충분히 만들 수 있을지 모르지만, 인코너의 공에는 맞추기 어렵다. 그리고 스윙을 시작한 이후부터 임팩트까지의 스윙 시간이 길어지기 때문에 스윙의 시작이 빨라져 완급의 변화에 대응하기 어렵다.

골반만 들어가 있지 않으면 상체의 방향이나 그립, 헤드도 이렇게 깊이 들어가지 않는다. 즉 자세에서 가장 큰 문제는 착지 시점의 '톱'에서 골반이 들어가버리는 것이다. 그리고 축각에 체중을 싣는 단계에서 골반이 투수 쪽으로 엉덩이를 향하듯 깊이 들어가버릴수록 착지에서의 골반의 방향을 옆 방향으로 되돌리기 어렵다.

2. 고관절로 '받아내는' 중요성

 그렇다면 축각에 체중을 실을 때나 테이크 백의 '톱'에서 골반이 포수 방향으로 들어가버리는 움직임은 왜 일어나는 것일까. 그 원인은 두 가지가 있다.

 하나는 흉곽이나 견갑골의 움직임이 나쁘다는 것이다. 흉곽이나 견갑골의 움직임이 나빠서 보텀 핸드의 어깨가 턱 아래로 파고들 수 있을 정도로 충분히 오므릴 수 없으면 골반의 방향에 대해 상체의 방향을 바꿀 수 없다. 즉 골반과 상체가 하나가 되어 움직일 수밖에 없는 것이다. 이런 선수가 임팩트까지의 가속거리를 확보하기 위해 테이크 백에서 그립의 위치를 포수 방향으로 충분히 끌어당기려 하면 보텀 핸드의 어깨는 오므리기 어렵기 때문에 아무래도 골반과 함께 들어가버린다. 골반이 포수 방향을 향하고 있으면 내딛는 다리도 골반의 방향의 영향을 받기 때문에 이런 선수는 내딛는 다리의 무릎이 안쪽으로 들어간 착지자세를 보인다(사진 5-7 C, 5-8 C).

 또 한 가지 원인은 중심을 지탱하는 축각에서 '고관절로 받아낸다'는 사용 방법을 실시할 수 없어 무릎으로 지탱하는 형식을 보인다는 것이다.

〈사진 5-9, 5-10〉이 그 전형적인 예다. 〈사진 5-1~5-6〉과 비교해 보면 고관절을 제대로 끌어당기지 않아 무릎이 앞(발끝 방향)으로 나와 있다는 사실을 알 수 있다. 또 〈사진 5-9 A〉에서 〈사진 5-9 B〉에 걸쳐 축각의 무릎 방향이 바깥쪽으로 '벌어지는' 방향으로 진행되고 있다는 사실도 알 수 있다. 이런 식으로 '벌어지는' 현상은 체간의 '벌어짐'과 달리 무릎이 안짱다리 방향으로 진행하는 나쁜 동작을 유발한다.

고관절을 그다지 구부리지 않고 무릎을 앞으로 내밀듯 중심을 가라앉히는 자세는 무릎의 방향이 발끝 방향으로부터 안쪽이나 바깥쪽으로 벗어나기 쉽고, 축각의 방향을 고정할 수 없는 자세다. 이런 형태의 축각에 체중을 실을 경우 축각은 이동해온 중심을 받아내는 것이 아니라 중심과 함께 바깥 방향으로 움직여버린다. 〈사진 5-9 B〉의 축각의 발 부분이 새끼발가락 쪽으로 체중이 걸려 있는 이유는 이 때문이며, 만약 이런 선수가 축각에 체중을 싣는 움직임과 동시에 상반신에 테이크 백을 실시한다면 상반신이 움직이는 영향에 의해 골반까지 이끌려 들어가버리는 현상을 축각의 고관절 부분으로 억제할 수 없다.

〈사진 5-11〉은 〈사진 5-5〉와 마찬가지로 움직인 스텝 동작으로 축각에 체중을 실을 때 '고관절로 받아낸다'는 사용 방법을 실시하고 있다.

〈사진 5-11 A~B〉를 보면 내딛는 다리를 끌어당김에 따라 축각은 고관절에 깊이 맞물려 있고, 무릎의 방향은 발끝과 같은 방향을 향한 채 안쪽으로 조여져 있으며, 발 부분은 준비단계와 같은 상태를 유지하고 있다.

사진 5-9 고관절을 제대로 끌어당기지 않아 중심을 무릎으로 지탱하고 있는 스텝 동작(옆면)

사진 5-10 고관절을 제대로 끌어당기지 않아 중심을 무릎으로 지탱하고 있는 스텝 동작(정면)

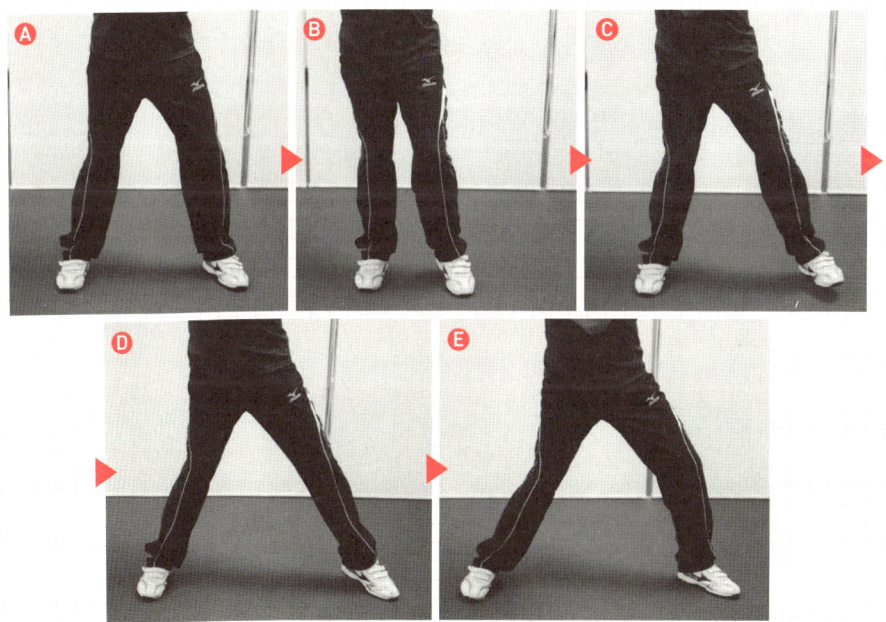

사진 5-11 고관절로 올바르게 '받아내는' 움직임이 충분히 작용한 스텝 동작

제5장 스텝 동작의 메커니즘 ••• 199

이것은 축각이 고관절을 끌어당긴 위치에서 내전근을 움직이게 하여 축각을 안쪽으로 조이는 힘을 발휘, 접근해오는 중심에 대항하고 있기 때문에 발생하는 현상이다. 그 내전근의 움직임이 없으면 축각 고관절이 말려드는 정도는 준비단계와 거의 바뀌지 않으며, 무릎은 약간 바깥쪽으로 '벌어지고' 발 부분은 안쪽이 가볍게 떠서 새끼발가락 쪽으로 체중이 걸린다. 그렇기 때문에 〈사진 5-11 B〉의 축각의 발 부분은 겉으로 보기에 준비단계와 아무 것도 바뀌지 않은 것처럼 보이지만 사실은 신발 안에서 발바닥 안쪽으로 체중을 지탱하고 있는 것이다. 그리고 그 후의 〈사진 5-11 B~E〉를 보면 축각의 무릎 방향이나 굴곡 각도는 바뀌지 않은 상태에서 고관절 부분을 이용해서 골반을 앞쪽으로 진행시키고 있다. 이것은 고관절을 끌어당긴 위치에서 내전근을 안쪽으로 조이는 동작에 의해 골반을 진행시키는 레버로서 축각 전체를 고정하고, 안쪽으로 체중을 지탱하고 있는 발 부분의 움직임으로 그 레버를 움직여 골반을 진행시키고 있는 것이다. 〈사진 5-5 E, 5-11 E〉의 착지에서 축각의 발 부분의 새끼발가락 쪽이 약간 떠 있는 이유는 그 때문이다.

  또 이 착지 시점에서 내딛는 다리의 무릎이나 발끝이 투수에 대해 옆 방향보다 열려 있는 이유는 두 고관절이 모두 끌어당긴 상태에서 축각 쪽만 내전근을 안쪽으로 조여 스텝을 밟고 있기 때문이다. 이 자세에서 착지를 하기 때문에 착지 이후에 내딛는 다리 쪽의 내전근의 조임을 살릴 수 있고, 고관절의 내선 동작을 도와 날카로운 골반 회전을 낳을 수 있다. 그리고 상반신의 테이크 백 움직임과 상반되는 충분한 '벌어짐'을 낳을 수 있다.

초등학생 등의 경우에는 〈사진 5-12〉와 같은 안짱다리 모양의 착지자세를 흔히 볼 수 있는데, 이런 현상이 발생하는 이유는 고관절을 전혀 끌어당기지 않아 골반이 뒤쪽으로 기울어져버리면서 무릎이 발끝 방향으로 튀어나오는

사진 5-12 안짱다리 모양의 착지자세

식으로 중심을 가라앉히고 있기 때문이다. 이런 착지자세에서는 스윙을 할 때 내딛는 다리의 고관절 부분으로 골반을 회전시키는 것이 아니라 무릎의 방향을 바꾸는 것으로 온몸의 방향을 바꾸는 회전동작이 이루어지기 때문에 날카로운 회전은 바라기 어렵다. 이런 선수는 축각에 체중을 실을 수 있는 움직임과 동시에 상반신으로 테이크 백 동작을 실시하면 〈사진 5-9, 5-10〉처럼 될 수 있다.

3. 고관절로 '받아내는 동작'을 이해한다

〈사진 5-13〉은 축각에 체중을 실을 때의 '고관절로 받아낸다'는 동작과 마찬가지로 다리를 사용하는 운동인 '스케이팅 점프'다. 사진은 양쪽 끝에서 중앙을 향하여 '뛰고 있다'고 보지 말고 한가운데의 사진에서부터 좌우로 착지하여 '받아낸다'고 보자.

〈사진 5-13〉은 좌우 어느 쪽의 착지 동작을 보아도 무릎이 안쪽으로 조여진 상태가 유지되어 옆으로 진행한 힘을 모두 받아내고 있다. 그리

사진 5-13 스케이팅 점프

고 고관절이 깊이 닫혀 상반신이나 골반, 반대쪽 다리가 지속적으로 움직이려 하는 힘을 그 고관절 부분을 경계로 받아내고 있다. 받아내는 축각과 그 이외의 부분이 고관절을 경계로 서로 반대 방향의 힘으로 맞버텨 언제든지 진행할 수 있는 자세로 힘을 축적하면서 일시적인 균형의 안정 상태를 만드는 것, 이것이 '고관절로 받아낸다'는 것이다.

사진 5-14 고관절로 받아내지 못하여 무릎이 벌어진 착지

이에 비하여 〈사진 5-14〉는 고관절로 받아내지 못하고 다리로 지지하는 상태다. 고관절은 열린 채 무릎이 벌어져 있고, 받아내는 부분이어야 할 다리 전체를 포함하여 온몸에 바깥쪽으로 흘러가는 힘이 작용하고 있다.

무릎이 벌어지지 않고, 체중이 새끼발가락 쪽에 걸리지 않도록 이 '스케이팅 점프'를 할 수 있는지 한 번 시험해보도록 하자.

4. 스텝을 밟을 때 머리는 움직인다

 타격의 스텝 동작에 관해서는 〈사진 5-15〉처럼 '축각에 체중을 남긴 채 내딛는 다리를 앞으로 뻗는다'는 것이 좋다고 생각하는 경우가 많지만, 이것은 커다란 오해다. 앞에서 설명했듯 축각에 체중을 실을 때 축각은 다가오는 골반을 고관절 부분으로 밀어내려는 힘을 발휘하면서 체중을 받아내야 하며, 그 이후의 스텝에서는 축각 전체를 레버처럼 움직여 고관절 부분으로 골반을 앞쪽으로 밀어내면서 착지를 맞이해야 한다〈사진 5-16〉.

 〈사진 5-15〉와 같은 스텝이 좋다고 생각하는 분은 아마 '머리의 위치가 움직여서는 안 된다'거나 '파고들면 안 된다'는 인식이 강하기 때문에 그런 식으로 스텝을 밟아야 한다고 생각하고 있었을 것이다. 이렇게 생각하고 있던 분들 중에는 앞에서 설명한 '축각을 이용해서 골반을 앞쪽으로 밀어낸다'는 스텝 방법이나, 지금까지 계속 설명해온 내딛는 다리에 체중을 옮기고 그 다리를 지탱점으로 삼아 골반을 회전시킨다는 하반신 사용 방법을 들었을 때 '그럴 경우 머리가 앞으로 움직일 텐데 과

사진 5-15 축각에 체중을 남기고 내딛는 다리만을 뻗는, 이동이 없는 스텝

사진 5-16 고관절로 골반을 밀어내면서 진행하는 바람직한 스텝

연 괜찮을까?' 하는 의문을 느꼈을 수도 있다. 그 의문에 분명하게 대답하면 '머리는 움직이면 안 된다'이다. 하지만 자연스럽게 움직여진다. 엄밀하게 말해서 스텝 동작에서는 결과적으로 머리의 위치도 반드시 앞쪽으로 진행되기 때문이다.

무슨 말인가 하면 스텝 동작에서 축각이 허리를 앞쪽으로 진행시켜 가는 타이밍에 맞추어 상반신에 테이크 백 동작을 일으키면 착지를 할 때의 '톱'에서는 하반신이 앞쪽으로, 상반신은 뒤쪽으로 서로 다르게 '벌어지는' 상태가 몸에 나타난다. 이 '톱'에서 '벌어지는' 자세는 스윙을 시작할 때 상체의 회전동작을 일으켜 효과적인 스윙 궤도를 낳기 위해 반드시 필요하다. 즉 이 '벌어짐'을 만들려면 스텝에서 축각이 허리를 앞쪽으로 진행시키는 움직임이 반드시 필요하다. 그리고 허리가 앞쪽으로 진행되면 결과적으로 머리의 위치도 반드시 앞으로 진행된다. 이때 상반신에서는 뒤쪽으로의 테이크 백이 이루어지기 때문에, 허리가 앞쪽으로 진행하는 거리만큼 머리가 앞쪽으로 진행되지는 않지만 머리의 위치가 반드시 움직인다는 데에는 변함이 없다.

따라서 시선이 흔들리는 것을 걱정하여 머리의 위치를 전혀 움직이지 말아야 한다는 점을 강조한 스텝 동작을 실시하면 중요한 스윙 동작에 결정적인 마이너스가 되어버린다.

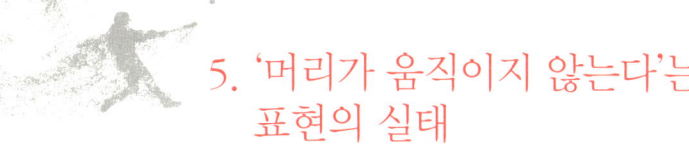

5. '머리가 움직이지 않는다'는 표현의 실태

〈사진 5-17〉을 보자. 배경에 나타나 있는 벽의 세로선과 머리의 위치를 비교하면 스텝을 시작한 이후부터 착지까지는 머리의 위치가 앞으로 움직이지만(사진 5-17 A~C), 착지 이후에 스윙을 시작하면서부터 임팩트까지는 머리의 위치가 전혀 움직이지 않는다(사진 5-17 D~F). 이것이 결론이다. "스텝을 하는 도중에는 '톱'에서의 '벌어짐'을 준비하기 위해 허리 앞으로의 이동에 따라 머리의 위치도 앞으로 진행하지만, 스윙을 시작한 이후부터 임팩트까지의 회전동작 중에는 머리의 위치가 전혀 움직이지 않는다"는 것이다.

공을 눈으로 포착하는 정밀도만으로 이야기한다면 스텝 도중에도 머리는 움직이지 말아야 한다. 그러나 그 때문에 시선이 흔들리는 것은 스윙 동작을 희생하면서까지 중시해야 할 정도로 타격의 정밀도에 악영향을 미치는 것은 아니다. 스텝 동작에서 시선의 흔들림은 상하나 좌우의 흔들림이 아니라 전후의 흔들림이며, 이 단계에서 공은 비교적 멀리 있기 때문이다. 그리고 뇌의 기능으로 생각하더라도 앞으로 진행하면

사진 5-17 스윙을 시작한 이후부터 임팩트까지 머리의 위치는 움직이지 않는다

서 공을 보는 것이 습관화되면 뇌는 그 안에서 공의 위치 정보를 처리한다.

만약 이 시선의 흔들림이, 공이 바로 앞까지 와서 스윙을 하는 동안에 발생하는 것이라면 공을 정확하게 칠 수 없을 것이다. 그렇기 때문에 '머리의 위치는 착지까지는 앞으로 진행해도 상관없지만 스윙을 시작해서 공을 포착할 때까지는 전혀 움직이지 않아야 한다'는 정도로 이해하면 된다.

 이처럼 효과적인 스윙 동작에서 회전동작 중에 머리의 위치를 전혀 움직이지 않고 스윙을 하는 것은 다음과 같은 두 가지 이유 때문이다.

① 골반의 회전동작은 착지한 내딛는 다리가 회전의 지탱점으로서 확실하게 고정되고, 뒤쪽 허리가 그 지탱점을 향하여 직선으로 이동하는 것이다. 그 때문에 회전을 시작한 이후에는 내딛는 다리의 고관절의 위치에 전방 이동은 발생하지 않는다(사진 5-17 D~F).

② 상체의 회전동작은 두 어깨의 위치가 등뼈를 중심으로 교체되는 움직임이며, 그 움직임의 대부분은 견갑골의 움직임에 의한 것이기 때문에 견갑골의 가동 영역이 충분히 갖추어져 있으면 머리의 방향에 영향을 끼치지 않는다. 그리고 그 두 어깨의 교체 동작은 착지한 순간에 시작되기 때문에 머리의 위치는 착지 직후부터는 거의 움직이지 않는다(사진 5-17 C~F).

6. 머리가 움직이는 스윙을 하게 되는 원인

〈사진 5-18, 5-19, 5-20〉은 회전동작 중에 머리가 움직이게 되는 스윙을 예로 든 것이다.

〈사진 5-18〉은 회전동작과 함께 얼굴의 방향까지 회전 방향으로 움직여버리는 스윙 동작인데, 얼굴의 방향이 이렇게 흔들리는 현상은 견갑골의 움직임이 나쁘기 때문에 발생한다.

견갑골의 움직임이 나쁘면 골반의 방향에 대해 상체의 방향을 바꾸는 상체 회전동작이 충분히 이루어지지 않는다. 예를 들어 견갑골의 가동 영역이 충분하면 골반의 방향이나 얼굴의 방향을 고정한 채 두 어깨를 180도 가까이 교체할 수 있는데, 이것이 충분히 움직이지 않으면 골반과 상체와 얼굴이 하나가 되어서만 움직인다. 이런 선수가 스윙을 하면 골반과 상체는 하나가 되어 회전, 그 움직임에 따라 얼굴의 방향도 회전 방향으로 움직여버린다.

〈사진 5-19〉는 착지한 내딛는 다리가 골반 회전의 지탱점으로서 역할을 다하지 못한 스윙 동작이다.

사진 5-18 회전동작과 함께 얼굴의 방향까지 움직이고 있는 스윙

사진 5-19 착지한 다리가 골반 회전의 지탱점으로 고정되어 있지 않은 스윙

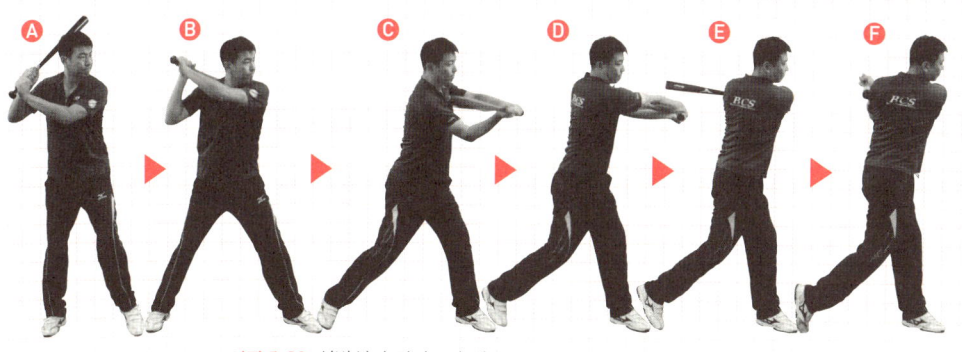

사진 5-20 상반신이 허리보다 앞쪽으로 나가는 '파고드는' 스윙

〈사진 5-19 A〉의 착지 이후에도 내딛는 다리가 느슨한 상태에서 허리의 위치, 머리의 위치가 앞쪽으로 진행하면서 스윙을 하고 있다. 체중을 앞쪽으로 옮겨 스윙을 하고 있기는 하지만 착지한 다리가 골반 회전의 지탱점으로 고정되어 있지 않기 때문에 스윙을 하는 도중에도 온몸이 앞으로 움직이는 것이다. 그 결과 회전동작은 매우 둔하고, 온몸이 동시에 방향을 바꾸는 상황에서 팔을 이용하여 스윙을 하게 된다.

이런 스윙 동작은 체중을 내딛는 다리로 옮기는 스윙 동작을 습득시키는 과정에서 골반이 멀리 돌아가는 선수들에게서 흔히 볼 수 있다. 그 때문에 '체중을 내딛는 다리에 실은 스윙=파고듦'이라는 오해를 초래하기 쉽고, 그런 오해를 하고 있기 때문에 원인은 고관절의 움직임이 나빠 내딛는 다리가 회전의 지탱점 역할을 하지 못하는 데에 있는데도 '축각에 체중을 남기지 말라'는 지시를 내리는 경우를 흔히 볼 수 있다. 표면적으로 보이는 문제점만 수정한다고 해도 근본적인 원인을 이해하지 못하면 해결이 되지 않는다.

〈사진 5-20〉은 상반신이 허리보다 투수 방향으로 더 나가면서 스윙을 하는 이른바 '파고드는' 스윙 동작이다.

이런 동작이 발생하는 이유는 골반 회전의 좋고 나쁨을 논하기 전에 회전동작 자체가 거의 이루어지지 않아 팔로 배트를 밀어내는 듯한 스윙을 하기 때문이다. 상체의 방향이 회전 방향으로 움직이는 현상이 발생하는 경우는 팔의 움직임에 맞추어 가슴의 방향이 바뀔 때뿐이며, 골반의 방향이 바뀌는 것도 상체의 이런 방향 변화에 의해 움직여질 때뿐이다. 즉 단순하게 톱 핸드 쪽 팔의 힘으로 배트를 앞쪽으로 내밀고 있을 뿐이기 때문에 이런 현상이 발생하는 것이다.

두 어깨를 교체하는 상체의 회전동작이 제대로 이루어지면 머리의 위치는 그 회전이 시작된 위치에 고정되어 움직이지 않지만, 상체의 회전동작이 제대로 이루어지지 않은 상태에서 팔만으로 밀어내고 있기 때문에 상체는 앞으로 더 나아가고, 머리의 위치는 앞쪽으로 움직이는 것이다.

이처럼 〈사진 5-19〉의 '파고드는' 현상이나 〈사진 5-20〉의 '파고드는' 현상에서 머리나 신체가 앞쪽으로 움직이는 것은 결과적으로 눈에 보이는 현상이며, 그 실태는 해야 할 동작이 거의 아무 것도 이루어지지 않은 상태에서 단순히 팔을 사용해서 스윙을 하고 있다는 것이다. 그 때문에 나의 머릿속에는 '파고든다'는 문제점 자체가 존재하지 않는다. '파고든다'는 것은 결과이며, 그 자체가 문제의 본질이 아니기 때문이다. 그러니까 이 현상을 포착하여 "파고들잖아!", "파고들면 안 돼!", "체중을 축각에 남기라니까!"라는 식으로 지적해도 아무런 의미가 없다.

다른 문제 동작들도 마찬가지이지만, 팀을 지도하면서 각 선수의 스윙의 과제에 관한 이야기를 들어보면 "그 선수는 파고드는 게 문제다"라는 식으로 그 자체에 큰 문제가 있는 것처럼 분석할 뿐 진정한 문제점은 이해하지 못하고 있는 경우가 많다. 그 중에서도 특히 '파고든다'는 결과의 진정한 문제점을 이해시키는 것은 야구계 전체의 코칭에서의 과제다.

만약 '파고든다'는 분석으로 끝이 났는데, 해결과 연결이 된다고 생각할 수 있는 동작이 있다면 스텝이 크게 앞으로 나가는 '오버 스텝' 정도다. 이 '오버 스텝'은 축각의 무릎으로 밀어내듯 스텝을 밟기 때문에 발생하는데 이것도 고관절을 적절하게 사용하지 못하는 데에 근본적인 원인이 있지만, 지나치게 많이 나가는 현상을 해결해야 한다는 점에서는 '파고들듯'이라고 주의를 주는 방법이 '오버 스텝'을 해결하는 방법이 될 수도 있다는 것이다.

7. 착지 때의 체중 배분과 체중 이동의 구조

 스텝을 밟아 착지를 했을 때 두 다리의 체중 배분에 관하여 "축각:내딛는 다리=7:3(8:2, 6:4)" 등으로 말하는 경우가 있다. 이것은 지도를 할 때의 하나의 수사법으로 사용하거나 선수가 이미지로서 인식할 때에는 문제가 없지만, 현실은 그렇지 않다는 사실을 알아두어야 한다.
 〈사진 5-21〉을 보자. 〈사진 5-21 C〉에서 내딛는 다리의 발끝은 땅에 닿아 있지만 뒤꿈치는 아직 약간 떠 있는 상태다. 이때 스윙은 시작되지 않았다. 그리고 〈사진 5-21 D〉에서는 내딛는 다리의 뒤꿈치가 완전히 착지를 하고 그 순간에 골반이 내딛는 다리 쪽으로 기울어져(골반의 슬라이드 동작) 뒤쪽 허리가 직선 이동하는 과정에 의해 축각의 발 부분이 옆 방향인 상태로 안쪽으로 쓰러지기 시작, 바깥쪽이 바닥에서 떨어져 있다. 이것이 스윙의 시동이다. 이때 보텀 핸드 쪽 어깨의 리드(상체의 회전동작)도 착지를 신호로 시작된다. 그리고 〈사진 5-21 E〉에서는 그 흐름을 타고 뒤쪽 허리가 직진하여 골반이 앞으로 향하면서 그 골반의 움직임에 이끌려 축각의 발 부분이 완전히 옆 방향으로 뒤집어지면

사진 5-21 착지에서의 체중 이동의 움직임

서 뒤꿈치가 바닥에서 떠 있다.

　스윙을 시작할 때에는 '배트를 안쪽에서 내밀기'위해 뒤쪽 허리가 투구 방향으로 직진해야 한다. 그렇게 하려면 내딛는 다리의 고관절이 골반 회전동작의 지탱점이 되어야 하며, 내딛는 다리가 회전의 지탱점이 되려면 스텝에서 이동을 해온 체중을 모두 받아내야 한다.

　〈사진 5-21 D〉의 정지화면을 보면 두 다리에 균등하게 하중이 실려 있는 것처럼 보이지만, 완전히 착지할 때에는 스텝에 의해 진행되어 온 힘을 받아내고 있기 때문에 거의 모든 체중이 내딛는 다리에 실려 있다. 내딛는 다리가 모든 체중을 받아내는 이 현상은 완전히 착지하는 순간에 스윙이 폭발적으로 시작되기 때문에 순간적으로 회전의 지탱점으로 고정되어 힘을 발휘하기 위해 필요한 것이다. 바꾸어 말하면 내딛

는 다리에 확실한 지탱점을 만들기 위해 스텝을 밟아 체중을 앞쪽으로 이동시키는 것이다.

이것은 그 자리에서 회전을 하고 있는 것처럼 보이는 '노 스텝 타법'에서도 빼놓을 수 없는 현상이다. 스텝을 밟지 않아도 반드시 내딛는 다리에 체중을 옮겨 지탱점을 고정하고 스윙을 해야 한다.

〈사진 5-21 D〉에서는 내딛는 다리의 고관절이 깊이 들어가 있다. 이것은 접지에서 완전히 착지를 하는 사이에 골반이 옆 방향에 가까운 상태인 채 약간 슬라이드 하여 내딛는 다리에 체중이 실리면서, 그 체중이 실리는 현상이 내딛는 다리를 확실하게 고정시키기 때문에 발생한다. 고관절의 이런 인입이 있기 때문에 뒤쪽 허리는 직진에 가깝게 방향을 바꿀 수 있다. 만약 내딛는 다리가 느슨해져 있다면 무릎이 움직여 고관절은 지탱점이 될 수 없다.

내딛는 다리의 발끝 쪽이 바닥에 닿을 때에는 축각의 발바닥은 완전히 바닥에 닿아 있지만(사진 5-21 C), 그 이후에 완전히 착지를 할 때까지의 과정에서 골반의 슬라이드에 수반되어 축각의 발 부분이 점차 옆으로 뒤집히면서 체중이 빠지고, 내딛는 다리로 체중이 옮겨지면서 지탱점을 고정, 스윙이 시작된다(사진 5-21 D~E). 즉 완전히 착지를 한 순간에는 축각의 발바닥 안쪽이 바닥에 닿아 있었다고 해도 그곳으로는 체중을 전혀 지탱하지 않고 있다.

효과적인 스윙 동작에서 완전히 착지할 때의 두 다리의 체중 배분은 "축각:내딛는 다리=0:10", 이것이 진실이다.

# 8. 상체는 남겨도 체중은 남기지 않는다

 그렇다면 왜 "축각:내딛는 다리=7:3"처럼 말하는 것일까. 효과적인 스윙 동작의 '톱' 자세(사진 5-22 E)를 보면 상반신의 중심 위치가 하반신의 중심 위치('5:5'의 위치)보다 뒤쪽에 남은 위치에 있는데, 만약 이것이 정지자세라면 체중은 축각에 상당 부분 걸린 상태가 되기 때문이다.
 하지만 실제로는 정지자세가 아니다. 축각이 골반을 앞쪽으로 밀어내고, 내딛는 다리가 그 힘을 받아내면서 만들어진 자세이기 때문에(사진 5-22 B~E) 완전히 착지할 때의 체중은 100% 내딛는 다리로 옮겨져 있어야 한다. 상반신이나 머리의 위치가 중심보다 뒤쪽에 남은 상태에서 착지를 맞이하는 것과, 움직이는 과정에서 체중이 걸리는 방식은 별개라는 것이다. 이것을 착각하여 정말로 축각에 체중을 남긴 착지자세를 만들어버린다면 그 이후부터 '단추를 잘못 끼운' 현상이 시작되어 바람직한 스윙 동작이나 바람직한 스윙 궤도는 만들 수 없다.
 다만 오해하지 말아야 할 점이 있다. 착지할 때의 체중 배분을 '7:3'이라고 지도하거나 이미지로 인식하는 것이 반드시 나쁜 것만은 아니라는

사진 5-22 효과적인 스텝 동작

것이다.

예를 들어 스텝에서 앞쪽으로 지나치게 나가는 '오버 스텝' 선수나, 허리보다 머리가 앞으로 나와 착지를 맞이하는 이른바 '파고드는' 선수에 대해 '7:3'이라고 인식하게 하여 바람직한 '톱' 자세를 이끌어낼 수 있다면 그 선수의 입장에서 볼 때 효과적인 수단이 될 수 있다. 중요한 것은 진실을 구체적으로 이해한 상태에서, '7:3'을 비롯한 그 밖의 내용들을 바람직한 동작을 이끌어내기 위한 이미지로서 구별하고 모든 이미지나 드릴drill을 선수에 맞추어 구분해서 사용해야 한다는 것이다.

실제로 상체나 머리의 위치를 뒤쪽에 남긴 착지자세는 '0:10'이라고 이미지 하는 것보다 '7:3'이라고 이미지 하는 쪽이 훨씬 만들기 쉽다. 다만 그 때문에 정말로 체중이 축각에 남는 스텝이 되어버린다면 "이 선수는 이런 이미지를 가진 상태에서 연습을 해도 나아지지 않는다"고 판단하고 즉시 다른 수단으로 바꾸어야 한다. 그렇게 하려면 목적으로서의 진실과 수단으로서의 이미지를 구별할 수 있어야 한다.

만약 '7:3'처럼 이미지에 지나지 않는 것을 진실이라고 오해하여 모든 선수에게 일률적으로 인식시키려 하면 나아지는 선수가 있는 한편 전혀 나아지지 않는 선수나 더 나빠지는 선수가 반드시 나온다.

이미지는 어디까지나 이미지에 지나지 않기 때문에 그것으로 바람직한 동작을 이끌어낼 수 없다면 바람직한 동작의 구조를 부분에서 전체로 단계적으로 체감하게 하는 드릴이 필요하다.

9. 상체를 남긴 착지자세의 진실

 "상체나 머리는 뒤쪽에 남아 있는데 허리는 앞쪽으로 진행하여 착지에서 체중이 앞쪽에 실린다."

 이 말은 매우 어려워 보이지만 기본적인 성립은 그다지 어렵지 않다. 〈사진 5-23〉은 상체를 뒤쪽에 남긴 스텝 동작의 성립을 체조로 제시한 것이다. 다리를 가볍게 벌린 직립자세에서 축각 방향으로 45도 정도 골반째 방향을 바꾸고(사진 5-23 B), 그 골반의 방향으로 인사를 하듯 두 고관절을 뒤쪽으로 인입시켜 상체가 앞으로 기울어지게 한다(사진 5-23 C). 그리고 축각 고관절의 인입 상태를 유지한 채 축각의 무릎을 안쪽으로 조인(사진 5-23 D) 다음에 손을 다리에서 떼고 얼굴만 투수 방향으로 향한다(사진 5-23 E).

 이 단계에서 좀 더 다리를 벌리면 내딛는 다리에서부터 머리에 걸친 라인이 비스듬히 직선상으로 늘어서는 자세가 된다는 사실을 알 수 있다. 즉 상체가 비스듬히 기울어져 머리가 허리보다 뒤쪽에 남는 자세가 만들어지는 것이다. 상체가 비스듬히 기울어져 있다고 해도 옆으로 기

사진 5-23 상체를 뒤쪽에 남긴 스텝 동작의 성립

울어진 것이 아니라 인사를 하듯 만들어져 있기 때문에 두 어깨의 라인은 수평이다.

  이 자세를 만든 다음에 축각을 무릎 안쪽으로 조이는 것과 굴곡의 각도, 고관절의 인입과 상체의 각도를 고정한 채 축각에 체중을 싣고(사진 5-23 F) 축각으로 허리를 이동시키면서 스텝을 밟으면 상체가 뒤쪽에 남는 각도를 유지하면서 허리가 앞쪽으로 진행된 착지자세가 만들어진다(사진 5-23 G). 그리고 스텝을 밟는 과정에 의해 내딛는 다리에서부터 머리에 걸친 라인이 비스듬히 직선상으로 늘어서기 때문에 착지를 한 순간에 내딛는 다리가 지탱점으로 고정되고, 뒤쪽 허리가 직진하는 골반의 회전동작과 그 골반을 추월하는 상체의 회전동작이 발생하면 스윙 도중에도 머리는 뒤쪽에 남겨진 위치에서 움직이지 않고 '스테이 백 라인stay back line'이라고 불리는, 내딛는 다리에서부터 머리에 걸쳐 비스듬히 직선이 형성되는 스윙 동작이 만들어진다.

이 체조에 보충설명을 한다면 〈사진 5-23 B〉에서 골반째 뒤쪽을 향했을 때에는 앞쪽 허리가 멀리 돌아 들어가버린 상태가 되지만, 〈사진 5-23 C〉에서 두 고관절을 뒤쪽으로 당기는 것에 의해 앞쪽 허리는 〈사진 5-23 A〉에서의 위치로 돌아오고 축각의 고관절만이 맞물린 상태가 된다(사진 5-23 D).

한편 착지에서의 상체의 각도를 〈사진 5-23 E〉의 단계에서부터 만들고 있기 때문에 이것을 준비자세라고 생각하면 상체가 지나치게 들어갔다는 느낌은 부정할 수 없다. 그러나 본래 스텝에서 앞쪽으로 진행하면서 상반신이 그와 역행하는 테이크 백을 실행하는 과정에 의해 만들어지는 전신의 위치 관계를 간편하게 체감하는 데에는 효과적인 방법이다.

이 체조를 통해서 배울 수 있는 점은 착지 때 상체가 뒤쪽에 남는 자세를 만들려면 동체나 견갑골의 가동성도 중요하지만 축각의 고관절을 인입시켜 맞물리게 하는 깊이나 각도가 매우 중요하며, 스텝 도중에도 그 고관절의 인입 상태를 유지하는 것이 중요하다는 점이다. 상체가 계속 수직으로 서 있는 선수나 착지에서 상체가 허리보다 앞으로 나와버리는 선수, 앞으로 튀어나오듯 '오버 스텝'을 하는 선수는 결국 이 축각 고관절의 인입이 형성되어 있지 않다는 데에 원인이 있다.

제6장

테이크 백에서의 '톱'의 메커니즘

스윙을 시작하는 자세인 테이크 백에서의 '톱'. 거기에는 이후의 스윙을 보다 좋은 것으로 만들어 정확하게 공을 포착하기 위한 '열쇠'가 숨어 있다. 여기에서는 그 '톱' 자세에 숨겨진, 정확한 타격을 위한 이론을 알아보기로 한다.

1. 보텀 핸드의 라인을 맞춘다

앞에서도 효과적인 스윙에 관한 설명을 하는데 필요하기 때문에 테이크 백에서의 '톱' 자세의 기본적인 사고방식에 관하여 설명했다. 테이크 백에서의 '톱' 자세는 스윙을 시작하는 준비자세로 매우 중요하기 때문에 여기에서 보다 상세하게 정리해서 그 기본적인 원칙에 관하여 설명하기로 한다.

사진 6-1 스윙을 임팩트에서 멈추고, 그 이후에 상체의 회전동작만을 반복한 움직임

〈사진 6-1 A〉는 높은 공에 맞춘 '톱' 자세로, 보텀 핸드의 어깨에서부터 팔, 배트에 걸친 라인의 각도를 높은 공을 향하는 스윙 플레인에 맞추고 있다. 따라서 이후의 회전동작에서 보텀 핸드를 '수평 촙'을 하듯 내밀면 배트는 보텀 핸드의 라인을 따라 그대로 공을 향하게 된다(사진 6-1 A~E).

〈사진 6-1 E~K〉는 임팩트에서 하반신의 자세를 고정시킨 채 상체의 회전동작만을 반복한 것이다. 회전을 되돌리면 팔이나 배트는 〈사진 6-1 A~E〉의 스윙 궤도를 반대로 밟아 '톱'의 자세로 돌아가고(사진 6-1 E~H), 다시 상체를 회전시키면 〈사진 6-1 A~E〉와 같은 스윙 궤도로 임팩트 자세로 돌아온다(사진 6-1 H~K). 이것이 공을 향하는 스윙 플레인에 보텀 핸드의 어깨에서부터 팔, 배트에 걸친 라인의 각도가 맞아떨어지는 것이다.

이처럼 공을 향하는 스윙 플레인에 보텀 핸드의 어깨에서부터 팔, 배

트에 걸친 라인을 맞춘 '톱'을 준비할 수 있다면, 이후에는 상체를 충분히 회전시켜 보텀 핸드 쪽 어깨의 리드로 배트를 라인대로 이끌어낼 수만 있으면 배트는 가장 군더더기 없는 궤도로 공쪽으로 향하며, 헤드가 내려가거나 멀리 돌아가는 현상은 절대로 발생하지 않는다.

바꾸어 말해서 높은 공에 대해 배트가 아래쪽에서 나오는 등 특정 공에 대해 적절한 스윙 궤도를 맞추지 못하는 원인이나, 헤드가 내려가거나 멀리 돌아가는 등 배트를 군더더기 없이 간결하게 공쪽으로 향하지 못하는 원인은 테이크 백의 '톱'에서 보텀 핸드의 어깨에서부터 팔, 배트에 걸친 라인을 공을 향하는 각도에 맞출 수 없다는 점, 또는 상체의 회전 자체가 그다지 작용하지 않는 현상이나 회전의 방향이 빗나가는 현상(견갑골이 위로 떠 있는 경우) 등에 의해 보텀 핸드 쪽 어깨의 리드가 충분히 이루어지지 않아 배트를 보텀 핸드의 라인대로 이끌어낼 수 없다는 데에 있다는 것이다.

2. 공의 높이에 따라 라인을 맞추는 차이

〈사진 6-2, 6-3〉은 각각 높은 공, 낮은 공에 대한 대응 동작을 제시한 것이다.

높은 공의 경우 배트를 세우고 준비자세를 잡고 있는 선수가 그 자세 그대로 보텀 핸드의 팔꿈치 방향과 배트의 각도로 '톱'을 만들어도 보텀 핸드에서부터 배트가 그리는 라인은 공에 맞지 않는다. 그 때문에 테이크 백에서 보텀 핸드의 팔의 방향을 바꾸는 방식으로 배트의 각도를 점차 눕히고(사진 6-2 A~E), '톱'에서 〈사진 6-1 A〉와 같은 준비자세로 들어가 공을 향하는 레벨 스윙을 실현하고 있다(사진 6-2 E~H).

여기에 비하여 낮은 공인 경우에는 준비자세에서 아래로 향하고 있는 보텀 핸드의 팔꿈치 방향을 테이크 백에서 거의 바꾸지 않고 있다(사진 6-3 A~E). 배트를 세우고 준비자세를 잡고 있으면 테이크 백에서 그대로 어깨를 넣는 것만으로 보텀 핸드에서부터 배트가 그리는 라인이 낮은 공에 맞아떨어지기 때문이다. 그래서 맞춘 라인대로 배트가 이끌려 나오는 각도로 상체를 회전시켜 스윙을 하고 있다(사진 6-3 E~H).

이처럼 '톱'은 한 가지로 고정되어 있는 것이 아니라 공의 높이에 따라 동적으로 바꾸는 것이다. 언뜻 매우 어렵게 느껴지지만 보텀 핸드 주체로 스윙 궤도를 만들어 공을 포착하는 감각이 몸에 갖추어져 있으면 자연스럽게 그렇게 된다.

또 〈사진 6-2 D〉와 〈사진 6-3 D〉 단계에서는 양쪽의 자세에 아직 큰 차이가 없다는 점에서, 높이의 차이에 따른 보텀 핸드의 '라인 맞추기'는 '톱'에서의 '비틀림'에서부터 스윙을 시작하는 사이의 순간적인 움직임 속에서 이루어지는 것이라고 말할 수 있다. 현실적으로는 '톱' 단

사진 6-2 배트를 세우고 자세를 잡은 경우의 높은 공에 대한 대응

사진 6-3 배트를 세우고 자세를 잡은 경우의 낮은 공에 대한 대응

계에서 이미 라인이 맞추어져 있는 선수만 있는 것은 아니다. 오히려 대부분의 선수들은 '비트는' 과정에서 보텀 핸드의 견갑골을 완전히 잡아당긴 지점에서부터 스윙을 시작하는 도중에 라인을 맞춘다. 이것은 충분한 '비틀림'이 있고, 하반신이 앞쪽으로 나가려 하면서도 아직 견갑골은 잡아당겨져 있는 상태가 갖추어져 있기 때문에 가능하다.

〈사진 6-2, 6-3〉은 배트를 세워서 준비자세를 잡고 있는 경우의 높낮이에 대한 대응이었지만, 배트를 눕혀 준비자세를 잡는 선수의 경우에는 대응 방법이 달라진다. 배트를 눕혀서 준비자세를 잡는 선수는 일

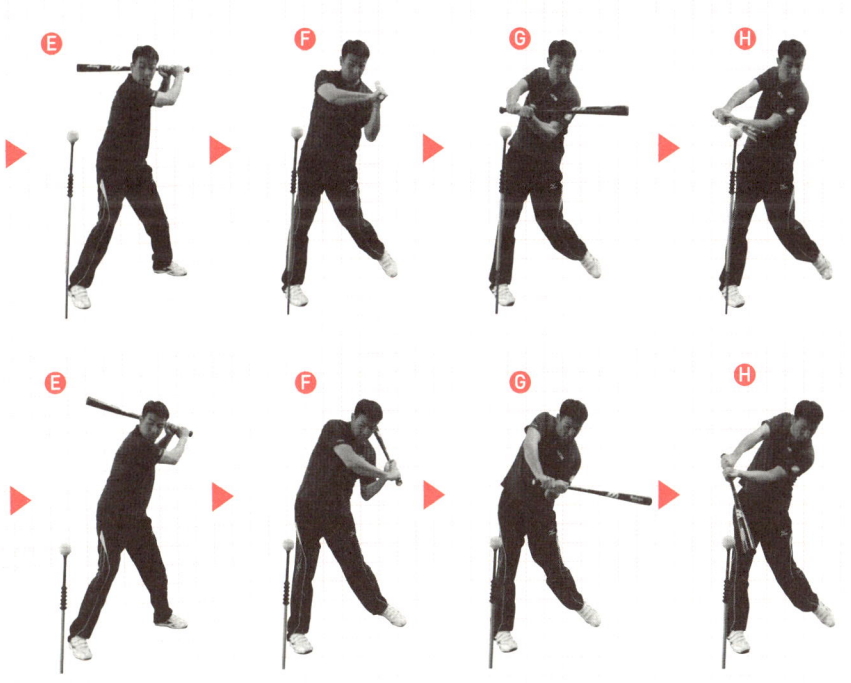

반적으로 '톱'에서도 배트가 누워 있기 때문에 기본적으로 높은 공에 보텀 핸드의 라인이 맞는 '톱'이 된다. 그 때문에 낮은 공에 대해 '라인에 맞추는' 동작은 스윙을 하는 동안에 이루어진다.

〈사진 6-4 A〉의 '톱' 자세는 〈사진 6-1 A〉의 높은 공에 대한 '톱'과 같은 자세다. 그 이후에 그대로 단순하게 상체의 회전동작을 진행해서는 낮은 공에 맞는 스윙을 할 수 없다. 하지만 스윙을 시작할 때, 골반을 투수에 대해 옆 방향에 가까운 상태인 채 내딛는 다리 방향으로 슬라이드시키는 움직임에 맞추고 두 어깨의 각도를 바꾸는 방식으로 보텀 핸드의 어깨에서부터 팔, 배트에 걸친 라인을 낮은 공을 향하는 스윙 플레인에 맞추고 있다(사진 6-4 B~C). 〈사진 6-4 C〉와 〈사진 6-3 F〉의 자세가 같다는 점에서도 보텀 핸드의 라인의 각도가 낮게 맞추어져 있다는 사실을 알 수 있다.

여기에서 중요한 사실을 알 수 있다. '톱' 자세에 관한 이야기에서는

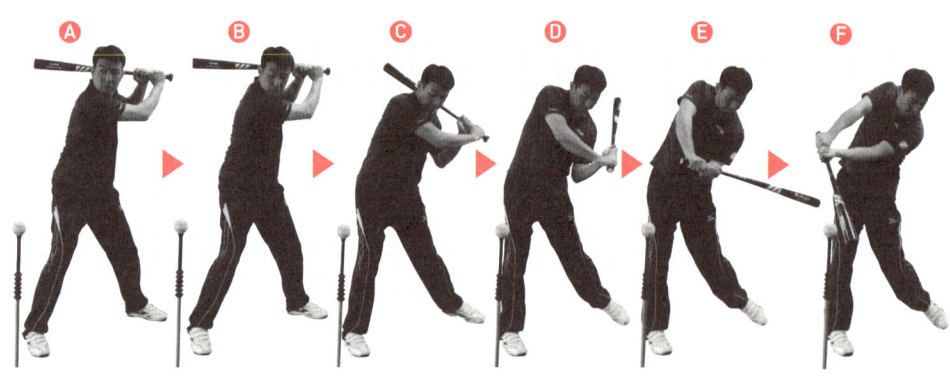

사진 6-4 배트를 눕히고 준비자세를 잡은 경우의 낮은 공에 대한 대응

벗어나지만, 체중을 내딛는 다리에 싣지 않으면 〈사진 6-4 C〉나 〈사진 6-3 F〉에 보이는 골반의 '슬라이드 동작'은 만들 수 없으며, 낮은 공에 대해 배트를 '안쪽에서' 내밀어 공의 정면 부근으로 헤드를 넣을 수는 없다는 점이다. 즉 축각에 체중을 남긴 채 스윙을 하는 동작은 완전한 잘못이라는 것이다.

  이상의 사실을 바탕으로 해보면 엄밀한 타이밍에는 어느 정도 개인차가 있다고 하더라도 기본적으로는 '톱' 단계에서 보텀 핸드의 어깨에서부터 팔, 배트에 걸친 라인을 공을 향하는 스윙 플레인에 일치시켜야 할 필요가 있다고 말할 수 있다. 적어도 상체의 회전 각도를 바꾸는 것만으로 보텀 핸드의 라인이 공에 대한 스윙 플레인으로 향할 수 있는 '톱' 정도는 준비해두어야 할 필요가 있다.

3. '비틀림'을 만든다

　테이크 백의 '톱'에서 반드시 만들어야 할 중요한 자세 중의 하나로 '비틀림'이 있다. '비틀림'이란 스텝에서 하반신이 투수 방향으로 진행하면서 동시에 실시하는 테이크 백에서 보텀 핸드의 어깨를 포수 방향으로 인입시켜 골반과 상체 사이에 비틀린 듯한 스트레치 상태를 만드는 것이다.

　〈사진 6-5〉는 그 '비틀림'을 충분히 만든 '톱' 자세다. 골반은 투수에 대해 바로 옆 방향인 상태가 유지되고 있고, 그 골반에 대해 보텀 핸드의 어깨가 턱 아래로 파고들 정도로 끌어당겨져 골반과 상체 사이에 비틀리는 관계가 만들어져 있다. 그리고 목 언저리에 보이는 목부터 가슴 중앙의 위치와 두 넓적다리 중앙의 위치가 수직으로 늘어서지 않고 골반과 상체가 옆으로 비껴져 있으며, 보텀 핸드의 어깨 뒷면에서 옆구리, 등 근육에 걸친 근육이 강하게 당겨져 있다.

　테이크 백의 '톱'에 이 '비틀림' 자세가 필요한 이유는 그 직후에 스윙이 시작될 때 〈사진 6-6〉처럼 턱 아래로 파고든 보텀 핸드의 어깨를 되돌리는 움직임에서부터 시작되는 상체의 회전동작을 작용시켜 보텀 핸드 쪽 어깨의 리드로 배트를 이끌어내기 위해서다. 효과적인 스윙 궤도를 실현하는 데에 가장 중요하다고 말할 수 있는 상체의 회전동작이나 보텀 핸드 쪽 어깨의 리드를 이끌어내기 위해 절대로 빼놓을 수 없는 것이 이 '비틀림' 자세다.

또 '비틀림'에 따라 상체와 골반이 '옆으로 비껴 서는' 것에 의해 아웃코너 공에 대한 미트 포인트까지의 거리를 확보할 수 있기 때문에, 인코너나 아웃코너 어느 한쪽에만 맞는 것이 아니라 양쪽 모두에 대응할 수 있다는 이유에서도 '옆으로 비껴 서는' 동작은 매우 중요한 의미를 가진다. 이것이 '체중을 앞으로 이동시키면서도 머리는 뒤에 남긴다'는

사진 6-5 '비틀림'이 있는 톱 자세

사진 6-6 상체의 회전동작

사진 6-7 어깨의 움츠림이 나쁜 경우

사진 6-8 바람직한 톱 자세

말의 의미다.

'비틀림' 자세를 충분히 만들기 위한 조건으로서 중요한 것은 어깨가 충분히 오므려지는 가동 영역이다. 〈사진 6-5〉나 〈사진 6-6〉에서 볼 수 있는, 어깨가 턱 밑으로 들어가는 어깨의 오므림은 흉곽의 오므림과 견갑골의 외전, 흉추의 회선 능력이다. 복부는 아무런 관계없이 흉곽과 견갑골, 흉추의 움직임만으로 보텀 핸드의 어깨를 턱 밑으로까지 충분히 밀어 넣을 수 있기 때문에 어깨를 넣어도 골반의 방향에 영향을 끼치지 않으며 투수에 대해 골반을 바로 옆 방향인 상태로 유지할 수 있다.

〈사진 6-7〉은 어깨를 오므릴 수 없는 경우다. 이것은 극단적인 예이지만, 견갑골과 흉곽의 움직임이 나쁘고 어깨의 오므림이 충분하지 못하면 보텀 핸드의 팔꿈치가 상당히 구부러진 '톱'이 될 수밖에 없다. 이런 선수는 테이크 백에서 보텀 핸드의 견갑골이 위로 떠오르며, 스윙에서는 보텀 핸드 쪽 어깨의 리드가 올바르게 작용되지 않는다. 견갑골과 흉곽이 잘 움직이면 보텀 핸드의 견갑골은 위로 떠오르지 않으며, 팔은 자연스럽게 뻗어 〈사진 6-8〉과 같은 자세를 만들 수 있다.

골반과 상체에 '비틀림'을 만들라고 해서 상체를 포수 방향으로 회전시키라는 것은 아니다. 견갑골을 턱 밑으로 끌어당기는 움직임을 보조하기 위해 흉추가 자연스럽게 회선을 할 뿐이며, 실제로는 준비단계에서부터 그립이 중앙보다 포수 쪽에 더 가까이 있기 때문에 그 시점에서 보텀 핸드의 어깨는 자연스럽게 오므라들어 어깨 너머로 투수를 보게 되고, 그대로 스텝을 이용하여 앞으로 진행하는 것만으로 보텀 핸드 쪽 어깨는 턱 밑으로 들어간다.

4. '톱'에서의 세 가지 직각의 존재

테이크 백의 '톱'에서 보텀 핸드의 어깨에서부터 팔, 배트에 걸친 라인을 공을 향하는 스윙 플레인에 일치시키는 것이 얼마나 중요한가에 관해서는 앞에서 설명했다. 〈사진 6-9, 6-10〉은 그 '톱'에서의 두 팔과 배트의 관계를 기본적으로 제시한 모습으로, 보텀 핸드의 어깨에서부터 팔, 배트에 걸친 라인을 하나의 면 위에 배열한 것이다. 그립을 관절이라고 생각하면 배트는 보텀 핸드의 연장으로서 각도가 만들어져 있다.

여기에서 설명하고 싶은 내용은 이런 효과적인 '톱' 자세에서는 두 팔과 배트의 세 부분 사이에 세 개의 직각 관계가 만들어져야 한다는 것이다.

세 가지 직각의 첫 번째는 보텀 핸드의 앞 팔과 배트가 이루는 직각(사진 6-9), 두 번째는 보텀 핸드의 앞 팔과 톱 핸드의 앞 팔이 이루는 직각(사진 6-9), 세 번째는 톱 핸드의 앞 팔과 배트가 이루는 직각이다(사진 6-10).

세 개의 직각은 엄밀하게 말하면 '절대로 이렇게 하지 않으면 안 된

사진 6-9 세 개의 직각이 있는 톱의 기본형(비스듬히 뒷면)

사진 6-10 세 개의 직각이 있는 톱의 기본형(뒷면)

다'는 것은 아니다. 어디까지나 '톱'의 기본형으로서 공을 향하는 스윙 플레인에 보텀 핸드에서부터 배트에 걸친 라인을 일치시켜 상체의 회전 동작을 이용해서 그 라인 대로 배트를 이끌어내기 위해 가장 합리적인 자세라는 것이다.

1. 보텀 핸드와 배트가 이루는 직각

우선 보텀 핸드의 앞 팔과 배트가 이루는 직각에 관해서 알아보자. 보텀 핸드에서부터 배트에 걸친 라인이 하나의 면 위에 있을 때 보텀 핸드의 손목은 엄지손가락 쪽으로 구부러진다. 이 손목의 가동 영역은 매우 좁아서, 앞 팔과 배트에 의해 만들어지는 각도는 엄밀하게 직각은 아니라고 해도 80도 정도밖에 구부러지지 않아(해부학적으로는 70도) 그 이상의 예각이 되는 경우는 없다. 그립이 예각이 되지 않는다는 것은 배트의 헤드가 투수 방향으로 향할 정도로 깊이 들어가지는 않는다는 것이다.

 널리 알려져 있듯 테이크 백의 '톱'에서 배트의 헤드가 투수 방향으로 깊이 들어가면 스윙을 시작할 때 배트의 헤드를 일단 포수 방향으로 돌린 다음에 앞쪽으로 진행시키게 되기 때문에 스윙 시간이 길어져 빠른 공에 말려들기 쉽고, 그 움직임은 자연스럽게 헤드가 빨리 뒤집히는 현상을 초래하여 변화구에도 대응하기 어렵다. 이런 식으로 헤드가 깊이 들어가는 현상에 의해 발생하는 문제점은 '톱'에서 보텀 핸드에서부터 배트에 걸친 라인을 공을 향하는 스윙 플레인에 일치시키고 있으면 발생하지 않는다. 바꾸어 말하면 보텀 핸드를 주체로 상체의 회전동작과 연동시켜 스윙을 실시하는 선수는 헤드가 깊이 들어가는 일이 없으며, 헤드가 투수 방향으로 깊이 들어가버리는 선수는 톱 핸드를 주체로 스윙을 하려 하는 데에 원인이 있다는 것이다.

 〈사진 6-11 A〉는 보텀 핸드에서부터 배트에 걸친 라인을 높은 레벨 스윙의 스윙 플레인에 맞춘 것이다. 이후에 톱 핸드만을 움직여 오른쪽 팔꿈치를 높이 올리면 보텀 핸드의 손목은 점차 손등 쪽으로 구부러지고, 보텀 핸드와 배트의 각도는 예각을 이루면서 배트의 헤드가 투수 방향으로 깊이 들어간다(사진 6-11 B~C). 〈사진 6-11 C〉와 같은 톱 핸드의 자세는 스윙을 시작할 때 톱 핸드의 팔을 강하게 움직이고 싶다는 심리가 나타나 있는 것이다.

 이 사진은 서 있기 때문에 '준비단계'인 것처럼 보이지만 어디까지나 '톱' 자세에서의 문제점에 관한 이야기라는 점을 오해하지 않기 바란다.

 〈사진 6-12, 6-13〉은 〈사진 6-11 A〉와 같은 팔과 배트의 관계에서

충분한 '비틀림'을 포함하여 온몸을 사용해서 만든 '톱' 자세다. 이 각도에서는 예각처럼 보이기도 하지만 보텀 핸드와 배트의 각도가 거의 직각이며, 헤드는 투수 방향으로 향하고 있지 않다.

이 '톱'의 시점에서 보텀 핸드의 앞 팔과 배트의 각도가 거의 직각(80~90도)이라는 것은 스윙에서 매우 중요한 의미가 있다. 그 이유는 효과적인 스윙 동작을 시작하려면 〈사진 6-14〉처럼 배트가 톱 핸드의 어깻죽지 근처에서 어깻죽지와의 거리가 전혀 바뀌지 않는 상태로 거의 직각에 아까운 그립 각도를 유지한 채 상체의 회전동작만으로 이끌려나가야 하기 때문이다. 이것에 의해 '배트를 안쪽에서 내민다'는 말을 실현할 수 있다.

〈사진 6-15〉는 앞에서 소개한 톱 핸드의 팔꿈치를 올린 경우와는 다른 패턴으로, 팔꿈치를 올리지 않는 대신 손목만을 강하게 예각으로 꺾어 배트의 헤드를 투수 방향으로 쓰러뜨린 자세다. 이것도 톱 핸드 쪽 손목의 움직임을 주체로 스윙을 하는 이미지를 나타낸 것인데, 대부분의 경우에는 스윙을 시작할 때 배트의 헤드를 일단 포수 방향으로 돌려 예각의 그립을 풀고 회전동작을 이용해서 앞으로 진행시키기 때문에 역시 멀리 돌아가는 스윙 궤도를 그리게 된다.

헤드가 멀리 돌아가는 현상을 무리해서 억제해 그립을 예각 상태로 둔 채 스윙을 할 수도 있지만, 그럴 경우 상체의 회전동작을 멈추고 팔의 움직임만으로 그립을 앞으로 진행시키는 스윙이 되어 손목만으로 스윙을 하게 된다. 이 스윙에서는 그립이 본래 임팩트를 맞이하는 위치 근처까지 앞쪽으로 진행되었음에도 불구하고 손목이 예각이기 때문에

사진 6-11 톱 핸드를 강하게 작용시키기 위한 준비로서 헤드가 들어가버린다

사진 6-12 바람직한 톱 자세(옆면)　　　사진 6-13 바람직한 톱 자세(정면)

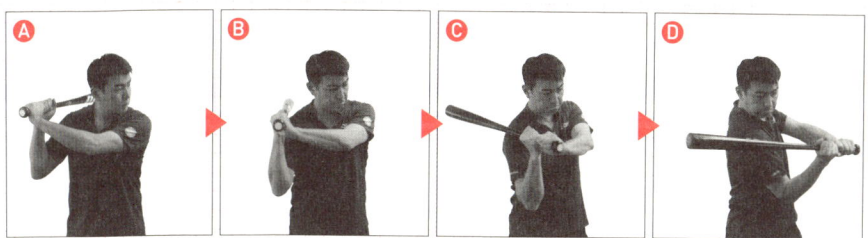

사진 6-14 배트와 어깻죽지의 거리, 보텀 핸드와 배트의 직각 관계가 바뀌지 않는 상태에서 배트가 나간다

사진 6-15 보텀 핸드와 배트가 예각　　　사진 6-16 보텀 핸드와 배트가 둔각

제6장 테이크 백에서의 '톱'의 메커니즘 ··· 241

헤드가 늦게 나오고, 결국 '공을 놓치는' 경우가 많아진다. 또 반드시 손목을 뒤집으면서 임팩트를 맞이하기 때문에 파울 팁 현상이나 배트를 공에 '걸치기만' 하는 현상도 증가한다.

〈사진 6-16〉은 보텀 핸드와 배트의 각도가 둔각이 되어 있는 '톱' 자세다. '톱'에서 그립이 둔각이라면 스윙을 시작한 이후부터 임팩트까지의 스윙 시간은 짧아지지만 처음부터 헤드가 포수 쪽으로 열려 있기 때문에 임팩트까지의 가속거리가 충분하지 못하고, 임팩트에서 헤드 속도가 증가하지 않는다. 가속거리가 부족한 현상은 미트 포인트가 가까운 아웃코너일수록 현저하게 나타나며, 헤드를 처음부터 열고 있었기 때문에 아무래도 빨리 뒤집어지는 경향이 발생하여 반대 방향으로 치고 싶은 아웃코스일수록 배트가 공에 걸쳐지기만 하는 스윙을 하기 쉽다. 단순하게 말한다면 '톱'에서 배트가 어깨로부터 떨어져 있기 때문에 어깻죽지 부근을 통과시켜 배트를 '안쪽에서 내미는' 동작이 어려워지는 것이다.

2. 보텀 핸드와 톱 핸드가 이루는 직각

두 번째는 보텀 핸드의 앞 팔과 톱 핸드의 앞 팔이 이루는 직각에 관해서인데, 이 부분에 대해서는 반드시 '톱' 시점에서 직각이 아니더라도 스윙을 시작하는 과정에서 〈사진 6-14 B~C〉처럼 직각 관계로 갖출 수 있으면 어느 정도의 개인차는 문제가 되지 않는다. 그러나 〈사진

6-14 B~C〉의 시점에서 직각 관계가 이루어져야 한다는 점에서는 상당히 합리적인 의미가 있기 때문에 '톱' 시점에서도 직각을 이루는 것이 기본이다.

〈사진 6-17〉은 높은 공에 맞추는 레벨 스윙의 스윙 플레인에 보텀 핸드를 맞추고 상체의 회전동작을 이용해서 이끌어내는 모양을 제시한 것이다. 상체의 회전동작의 움직임을 이해하기 쉽도록 하기 위해 처음부터 끝까지 내딛는 다리 위에 체중을 싣고 골반에서부터 하반신을 고정한 상태로 실시하고 있다. 팔의 궤적은 손이 어깻죽지 부근에 있는 상태에서 상체 회전의 움직임에 맞추어 '수평 촙'을 하는 요령으로 움직인다.

여기에 대하여 〈사진 6-18〉은 마찬가지로 실시한 톱 핸드의 움직임이다. 손이 어깨에서 벗어나 앞 팔이 수평에 가까워질수록 멀리 돌아가는 스윙에서의 톱 핸드 사용 방법이 되기 때문에, 팔꿈치를 완전히 구부려 손을 어깨에 갖다 대고 〈사진 6-18 B〉의 시점에 앞 팔이 거의 수직이 되는 상태에서 자연스럽게 견갑골을 끌어당긴 자세가 〈사진 6-18 A〉이며, 그 이후에 팔의 모양을 유지한 채 어깨를 오므리면서 상체를 회전시킨 것이 〈사진 6-18 C〉이다. 톱 핸드가 이렇게 움직이기 때문에 〈사진 6-14〉처럼 배트를 어깻죽지 부분에서 그 어깻죽지와 가까운 거리를 유지한 채 앞으로 내밀 수 있는 것이다.

그리고 두 팔의 이런 움직임을 조합시킨 것이 〈사진 6-19〉로, 이것이 타격 동작에서 상체의 회전과 연동시켜 두 팔을 움직이는 기본형이다.

〈사진 6-17 B〉에서는 보텀 핸드의 앞 팔이 수평, 〈사진 6-18 B〉에

사진 6-17 상체의 회전과 연동하여 보텀 핸드를 끌어내는 모습

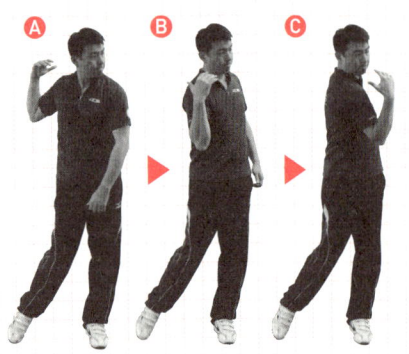

사진 6-18 톱 핸드 움직임의 기본형

사진 6-19 〈사진 6-17〉과 〈사진 6-18〉의 조합

사진 6-20 '플라잉 엘보' 자세

서는 톱 핸드의 앞 팔이 수직, 그리고 두 팔은 팔로 움직이는 것이 아니라 견갑골의 움직임에 수반되는 상체 회전동작에 의해 움직이는 것이기 때문에 앞 팔끼리는 처음부터 끝까지 직각으로 교차하여 움직인다.

이것이 보텀 핸드의 라인을 따라 어깻죽지 부근에서부터 어깻죽지와 가까운 거리를 바꾸지 않고 상체 회전동작으로 배트를 이끌어내는 스윙 시작 때의 상반신의 움직임이며, '안쪽에서 배트를 내밀기' 위한 사

사진 6-21 두 팔의 앞 팔이 예각이 되도록 그립을 교차하여 스윙

용 방법이다. 이렇게 하려면 두 팔의 앞 팔이 직각 관계로 배트를 움켜쥐고 있어야 한다.

만약 〈사진 6-20〉처럼 톱 핸드의 팔꿈치를 높이 들고 두 팔의 앞 팔이 둔각으로 교차한 '톱'을 만드는 경우 스윙을 시작할 때 보텀 핸드 쪽 어깨의 리드가 충분히 작용하면서 톱 핸드의 팔꿈치를 조일 수 있다면 아무런 문제는 없다. 하지만 보텀 핸드 쪽 어깨의 리드가 충분하지 못하고 톱 핸드의 팔꿈치를 조이는 움직임만으로 스윙을 시작하게 되면 반드시 헤드가 내려가는, 멀리 돌아가는 스윙을 하게 된다. 이 부분에 대해서는 뒤에서 설명하기로 한다.

〈사진 6-21〉은 두 팔의 앞 팔이 예각 관계가 되도록 그립을 강하게 교차하여 움켜쥐고 어깨와 머리 사이에서 배트를 빼듯 그립으로부터 앞쪽으로 배트를 내미는 스윙이다. 그립을 교차시키면 손목을 부드럽게

사용할 수 있을 것 같은 이미지가 떠오르지만, 손목이나 헤드가 뒤집히는 현상은 자연스럽게 이루어지는 것이며 일부러 뒤집는 것이 아니다. 손목을 부드럽게 사용할 수 있을 것 같은 느낌은 나쁘게 말하면 손목이 주체가 되어 '비트는' 스윙을 하기 쉽다는 것이다.

〈사진 6-21〉의 스윙은 실행 방법이나 발생하는 문제점이 〈사진 6-15〉 부분에서 설명한, 그립의 예각 상태를 유지한 채 헤드가 멀리 돌아가는 현상을 억제하고 배트를 앞으로 내미는 스윙과 같다.

마지막으로, 〈사진 6-15〉의 톱 핸드의 앞 팔과 배트가 이루는 직각은 앞에서 설명한 두 가지의 직각을 만들 수 있다면 이것도 반드시 직각이 된다.

5. 그립의 위치와 깊이의 기준

테이크 백의 '톱'에서 그립은 등 쪽으로 어느 정도까지 들어가도 될까. 그 기준은 '투수 쪽에서 볼 때 보텀 핸드의 어깨와 손이 직선 관계로 늘어서 있는 위치'다(사진 6-22).

예를 들어 〈사진 6-23〉처럼 투수 쪽에서 볼 때 머리 뒤쪽에 그립이 보일 정도로 등 쪽으로 깊이 들어간 '톱'이라면 배트가 앞으로 나가기 어렵다는 사실은 누구나 알 수 있다. 그 이유는 스윙에서 그립이 1루 방향으로 진행한 뒤에 앞으로 나가게 되어 포수 쪽으로 쓸데없이 큰 스윙 궤도를 그리기 때문이다.

〈사진 6-22〉처럼 '투수 쪽에서 볼 때 보텀 핸드의 어깨와 손이 직선 관계로 늘어서 있는 위치'에 있어야 상체 회전에 의한 보텀 핸드 쪽 어깨의 리드에 의해 그립은 스윙을 시작한 이후부터 군더더기 없이 앞으로 나아갈 수 있기 때문에 이른바 '안쪽에서 배트를 내민다'는 동작을 실현할 수 있다.

물론 인코너에 강한 선수, 아웃코너에 강한 선수 등에 따라 미세한

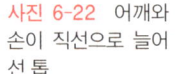 사진 6-22 어깨와 손이 직선으로 늘어선 톱   사진 6-23 머리 뒤쪽에 그립이 보이는 톱   사진 6-24 그립이 지나치게 얕게 들어간 톱   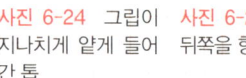 사진 6-25 골반째 뒤쪽을 향한 톱(정면)   사진 6-26 골반째 뒤쪽을 향한 톱(옆면)

조정을 통하여 어느 정도 그립이 깊어질 수도 있고, 얕아질 수도 있다. 그러나 깊고 얕은 정도의 차이만으로 〈사진 6-23〉처럼 깊이 들어갈수록 아웃코너에는 대응할 수 있어도 인코너에는 대응하기 어려워지거나, 〈사진 6-24〉처럼 그립이 얕게 들어갈수록 인코너에는 강하지만 아웃코너에는 충분한 가속거리를 만들지 못하여 적절한 포인트로 불러들여 타격을 하기 어려워진다.

그렇기 때문에 '투수 쪽에서 볼 때 보텀 핸드의 어깨와 손이 직선 관계로 늘어서는 위치'라는 것은 절대적인 위치는 아니라고 해도 기본적인 위치를 제시하는 기준이다.

그립의 위치는 다른 관점으로도 설명할 수 있다.

스윙을 시작할 때 상체의 회전동작을 작용시키기 위해 테이크 백의 '톱'에서는 골반과 상체 사이에 스트레치 상태인 '비틀림'을 만들어야 한다. 이 비틀림의 관계는 상체를 테이크 백 방향으로 회전시켜서 만드는 것이 아니라 골반과 상체가 앞뒤(투수 방향이 앞)로 교체되면서 만들어진다. 스텝에서 골반은 투수에 대해 옆 방향으로 유지한 채 앞으로 진행하고, 상체는 보텀 핸드의 어깨를 턱 밑으로 움츠리는 방식에 의해 보텀 핸드 쪽 옆구리에서부터 어깨에 걸쳐 비틀림의 스트레치 상태가 만들어지는 것이다.

이 스트레치 상태는 '비틀려 있는 상태'이지만 힘이 앞뒤 방향으로 작용하고 있기 때문에 보텀 핸드의 그립에는 등 방향으로 향하는 움직임이 발생하지 않는다. 따라서 '톱'에서의 그립의 위치가 등 쪽으로 지나치게 들어가거나 지나치게 얕은 것은 모두 '비틀림'이 확실하게 이루어지지 않았다는 증거다. 〈사진 6-24〉처럼 지나치게 얕은 '톱'은 골반에 대해 보텀 핸드의 어깨가 거의 들어가지 않은 상태이고, 〈사진 6-23〉처럼 지나치게 깊은 '톱'은 보텀 핸드의 어깨가 들어가 있는 것처럼 보이지만 사실은 상체 전체가 테이크 백 방향으로 회전하여 팔이 등 쪽으로 당겨져 있다.

또 〈사진 6-25, 6-26〉처럼 어깨를 넣는 움직임에 맞추어 골반이 함께 들어가는 경우에도 그립의 위치는 등 쪽으로 깊이 들어간다. 이것 역시 골반과 상체가 같은 방향을 향하고 있기 때문에 '비틀림'은 형성되지 않는다.

이런 자세들은 결국 견갑골이나 흉곽의 움직임이 나쁘고 어깨가 충분히 오므려지지 않아 골반에 대해 어깨만을 넣을 수 없기 때문에 만들어지는 것이다.

6. 어깨를 움츠리는 가동 영역이 부족한 경우의 폐해

〈사진 6-27〉은 어깨가 충분히 움츠려지는 경우, 〈사진 6-28〉은 어깨가 움츠려지지 않는 경우의 보텀 핸드의 상태를 나타낸 것이다. 왼팔 소매의 마크가 보이는 정도를 비교하면 위팔의 방향의 차이를 잘 알 수 있다. 〈사진 6-28〉은 견갑골을 등 쪽으로 당겨 고정시킨 채 팔만을 테이크 백 방향으로 당기고 있다. 그리고 〈사진 6-27〉과 〈사진 6-28〉 각각의 상태에서 배트를 움켜쥔 것이 〈사진 6-29〉와 〈사진 6-30, 6-31〉이다.

〈사진 6-29〉에서는 어깨가 충분히 오므려져 있기 때문에 그립을 백 네트 방향으로 당기는 움직임이 가능하고, 보텀 핸드의 팔을 뻗는 느낌의 동작도 가능하다. 여기에 비하여 〈사진 6-30, 6-31〉에서는 위팔이 걸려 보텀 핸드의 팔꿈치는 반드시 구부러진다(팔꿈치를 뻗으면 몸에서 떨어진다). 이 상태에서 위팔을 테이크 백 방향으로 좀 더 당기려 하면 그립은 등 방향으로 들어간다.

가동 영역이 〈사진 6-30, 6-31〉과 같은 선수가 충분한 테이크 백

사진 6-27 어깨가 충분히 움츠려진 자세

사진 6-29 〈사진 6-27〉에서 배트를 쥔 상태

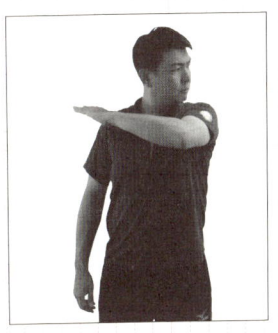  

사진 6-28 어깨의 움츠림이 충분하지 못한 자세

사진 6-30 〈사진 6-28〉에서 배트를 쥔 상태(옆면)

사진 6-31 〈사진 6-28〉에서 배트를 쥔 상태(정면)

사진 6-32 어깨가 충분히 움츠러져 '비틀림'이 만들어진 톱 자세

제6장 테이크 백에서의 '톱'의 메커니즘

을 만들기 위해 팔을 당겨 상체가 테이크 백 방향으로 회전하면 〈사진 6-23〉의 자세가 된다. 그때 골반째 들어가면 〈사진 6-25, 6-26〉의 자세가 되고, 어깨를 넣지 않고 그립을 몸에서 멀어지게 하면 〈사진 6-24〉의 자세가 되는 것이다. 이것들은 모두 견갑골, 흉곽의 움직임이 나쁘고 어깨가 충분히 오므려지지 않는 것이 원인이 되어 나타나는 현상들이다.

어깨가 충분히 오므려지면 〈사진 6-32〉나 〈사진 6-22〉와 같은 '톱'을 만들 수 있다. 투수에 대해 골반을 옆 방향으로 유지한 채 보텀 핸드의 어깨를 턱 밑으로 끌어당기고 앞쪽 옆구리부터 어깨에 걸쳐 스트레치 상태를 만들 수 있는 것이다.

7. 그 밖에 문제가 있는 '톱' 자세

〈사진 6-33〉과 〈사진 6-34 A〉처럼 앞쪽 어깨를 내리고 턱 밑으로 집어넣은 '톱' 자세는 흔히 볼 수 있는 잘못된 자세다.

스윙을 시작할 때 상체를 움직이는 방법은 기본적으로 테이크 백에서 발생한 상체의 비틀림을 되돌리는 방향으로의 움직임이다. 그 때문에 이런 자세에서 스윙을 시작하면 〈사진 6-34의 A→B〉처럼 보텀 핸드의 어깨가 올라가고, 톱 핸드의 어깨가 내려가 배트는 멀리 돌아서 아래쪽에서 나간다.

〈사진 6-35〉는 보텀 핸드 쪽 새끼손가락의 움켜쥠이 느슨한 '톱'이다. 이 그립에서는 보텀 핸드와 배트의 각도가 예각이 되고, 헤드는 강하게 투수 방향으로 쓰러지기 때문에 그것만으로도 헤드는 멀리 돌아 나간다. 그리고 보텀 핸드의 움켜쥠이 느슨해서 거의 톱 핸드로 배트를 쥐고 있는 것이기 때문에 스윙을 시작하는 단계에서 보텀 핸드 쪽 어깨의 리드는 충분히 이루어질 수 없고, 당연히 톱 핸드가 주체가 되어 배트를 조작하게 된다. 그래서 단지 헤드가 투수 방향으로 깊이 쓰러져

사진 6-33 앞쪽 어깨를 내린 톱 자세

사진 6-34 앞쪽 어깨를 내린 자세에서는 스윙을 시작할 때 어깨가 올라간다

사진 6-35 새끼손가락 쪽의 움켜쥠이 느슨해져 있는 상태

있는 경우 이상으로, 그립 부분이 중심을 이루는 톱 핸드의 움직임으로 헤드를 멀리 돌려서 밀어내는 움직임이 스윙 시작 단계에 두드러지게 나타난다.

8. '플라잉 엘보'의 주의점

임팩트에서의 펀치력을 증가하기 위해 〈사진 6-36〉처럼 톱 핸드의 팔꿈치를 올린 '플라잉 엘보'라고 불리는 자세나 '톱'을 만드는 선수를 흔히 볼 수 있다. 그러나 이런 자세는 주의해야 할 필요가 있다.

〈사진 6-37, 6-38〉은 각각 이 자세에서의 스윙 시작 단계에서 보텀 핸드 쪽 어깨의 리드를 충분히 살린 경우와, 보텀 핸드 쪽 어깨의 리드를 그다지 살리지 못하고 톱 핸드의 팔꿈치를 강하게 접는 듯한 의식을 가지고 있는 경우를 제시한 것이다.

〈사진 6-37〉의 스윙에서는 보텀 핸드가 진행하는 라인을 따라 배트가 앞쪽으로 운반되어 군더더기 없는 레벨 스윙을 실현하고 있다. 여기에 비하여 〈사진 6-38〉의 스윙에서는 톱 핸드의 팔꿈치를 접는 움직임에 수반되어 왼쪽 어깨

사진 6-36 '플라잉 엘보'의 자세

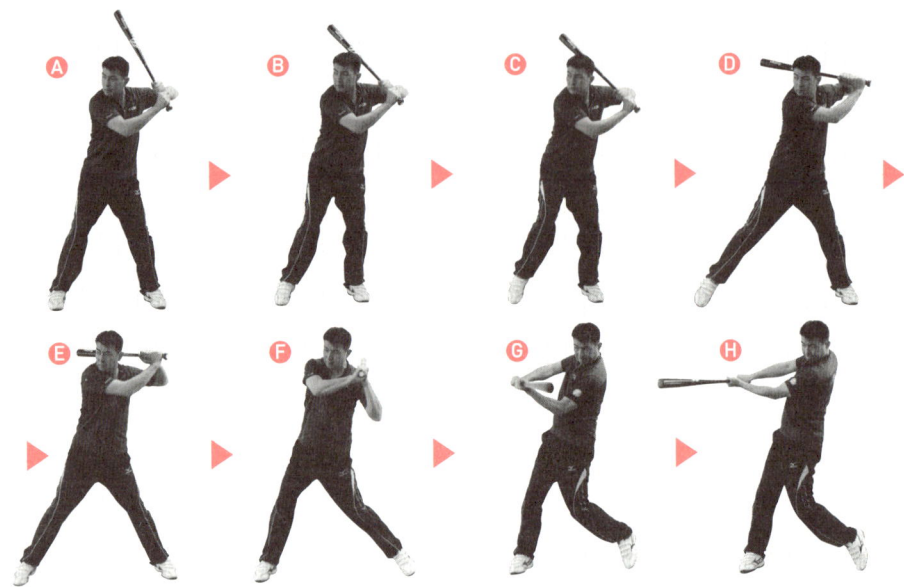

사진 6-37 '플라잉 엘보'에서 보텀 핸드의 어깨의 리드를 충분히 작용시킨 스윙

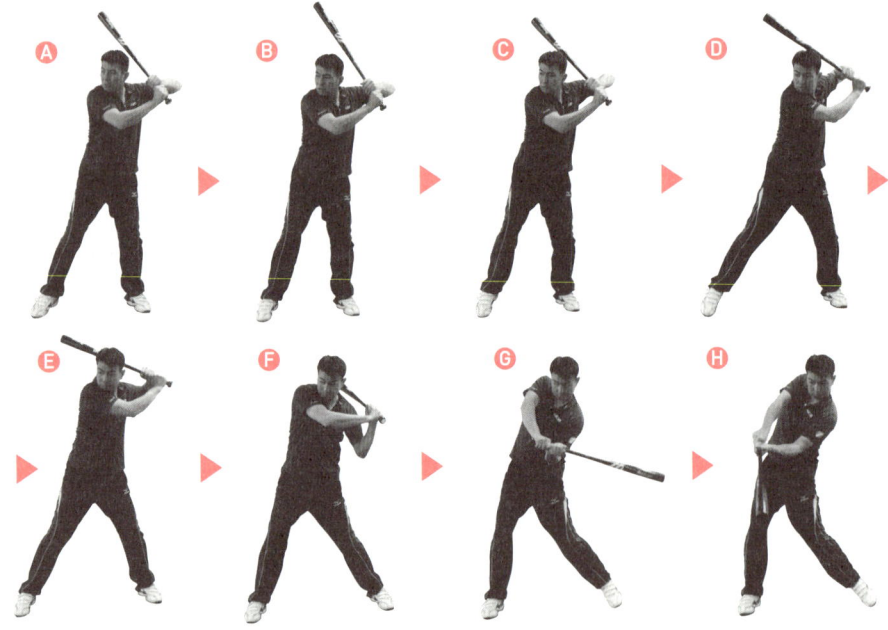

사진 6-38 보텀 핸드의 어깨의 리드를 작용시키지 못하고 톱 핸드의 팔꿈치를 접는다는 의식을 가지고 있는 경우

가 내려가고, 헤드는 포수 쪽에서 크게 호를 그리며 멀리 돌아가고 있다. 테이크 백에서 포수 쪽으로 그립을 당기고 있으면서 그것을 앞쪽으로 내밀지 못하여 배트보다 뒤쪽에 있는 팔을 접는 움직임부터 스윙을 시작하는 것이니까 당연한 결과다. 〈사진 6-38〉의 테이크 백은 〈사진 6-37〉과 비교할 때 톱 핸드의 팔꿈치가 올라가 있다. 그리고 '톱'에서의 보텀 핸드에서부터 배트로 이어지는 라인도 〈사진 6-37〉에서는 레벨 스윙 각도에 들어가 있다는 데에 비하여, 〈사진 6-38〉은 서 있는 듯한 느낌이 든다. 〈사진 6-37〉과 〈사진 6-38〉은 엄밀하게 말하면 같은 자세에서의 스윙은 아니지만, 각각 스윙을 시작하는 단계에서 작용시키려 하는 부분의 차이가 준비자세의 차이로 나타나는 것이기 때문에 이것도 문제라고 말할 수 있다.

〈사진 6-39, 6-40〉은 '플라잉 엘보'와는 다르지만 한신阪神 타이거스의 가네모토 도모아키金本知憲 선수처럼 헤드를 일단 머리 앞으로 넣고 그 이후에 헤드의 여세를 이용해서 임팩트에서의 펀치력을 증가시키려 하는 테이크 백에서의 스윙이다.

각각은 〈사진 6-37, 6-38〉에서의 비교와 마찬가지로 보텀 핸드 쪽 어깨의 리드를 충분히 살린 경우와 그다지 살리지 못한 경우다.

양쪽의 차이는 '플라잉 엘보'의 경우와 비슷하지만 헤드를 돌리는 움직임이 테이크 백에서부터 시작되고 있는 만큼 그 차이가 보다 여실하게 나타나 있다. 여기에서도 〈사진 6-40〉 쪽이 테이크 백에서 헤드가 얼굴 앞쪽으로 강하게 쓰러져 있는데, 이것 역시 톱 핸드가 주체가 되어 스윙을 하려 하기 때문에 발생하는 결과다.

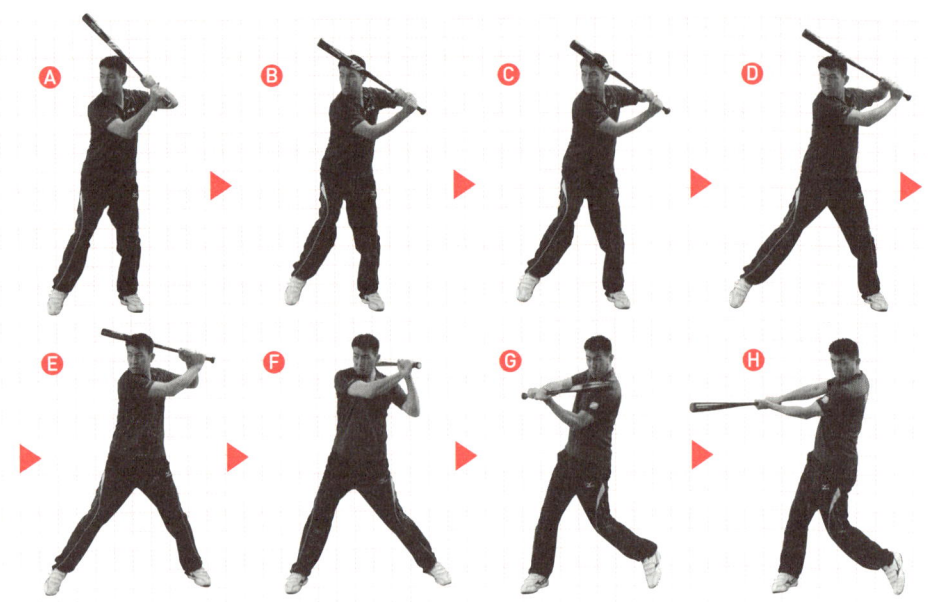

사진 6-39 헤드를 머리 앞쪽으로 넣는 움직임에서 보텀 핸드의 어깨의 리드를 충분히 살린 스윙

사진 6-40 보텀 핸드의 어깨의 리드가 충분히 이루어지지 않은 경우

'플라잉 엘보'와 '헤드의 여세', 이들 두 종류의 동작을 비교하여 알 수 있는 것은 양쪽 모두 보텀 핸드 쪽 어깨의 리드가 충분히 이루어지지 않으면 마이너스 효과만 나타난다는 점이다. 메이저리거를 본보기로 삼아 '플라잉 엘보'를 만들어보거나 헤드의 여세를 이용하여 보는 등 보다 강한 타구를 날리기 위한 연구를 하는 것 자체는 나쁘지 않다. 하지만 스윙을 시작할 때 보텀 핸드 쪽 어깨의 리드가 충분히 이루어지지 않는 선수가 안일하게 그런 표면적인 동작만을 흉내 낼 경우에는 헤드가 내려가는 현상만 낳을 뿐이다. 톱 핸드의 파워는 보텀 핸드 쪽 어깨의 리드가 충분히 이루어져야 비로소 플러스로 작용한다.

9. '히치hitch'를 이용하여 헤드를 살리는 테이크 백 동작의 실제

　메이저리거의 타격을 보면 대부분의 선수들이 준비단계에서 배트를 흔들다가 그 흐름을 이용해서 그립을 일단 내리는 '히치hitch'라고 불리는 동작을 실시, 헤드를 채찍처럼 이용하는 테이크 백을 보인다(사진 6-41). 이처럼 '히치' 동작을 이용하여 헤드를 채찍처럼 살려 펀치력을 증가시키려는 테이크 백 동작은 구체적으로 어떻게 실현되는 것일까. 대표적인 움직임을 예로 들어 설명해보자.

　〈사진 6-42, 6-43, 6-44〉는 〈사진 6-41〉의 동작을 '톱' 시점에서 멈춘 것이다. 그리고 〈사진 6-45, 6-46〉은 정확성이 높은 '톱'의 기본형으로서 앞에서 설명한 두 팔과 배트가 이루는 세 개의 직각을 만들고 보텀 핸드의 라인을 높은 공에 대한 스윙 플레인에 맞춘 자세이고, 〈사진 6-47, 6-48〉은 〈사진 6-45, 6-46〉의 자세에서 두 팔과 배트의 관계는 고정한 채 보텀 핸드의 팔꿈치를 명치 쪽에 붙이듯 배트를 세운 자세다.

　〈사진 6-42, 6-43〉의 테이크 백 동작과 〈사진 6-45, 6-46, 6-47,

사진 6-41 히치를 이용하여 헤드를 살리려는 테이크 백

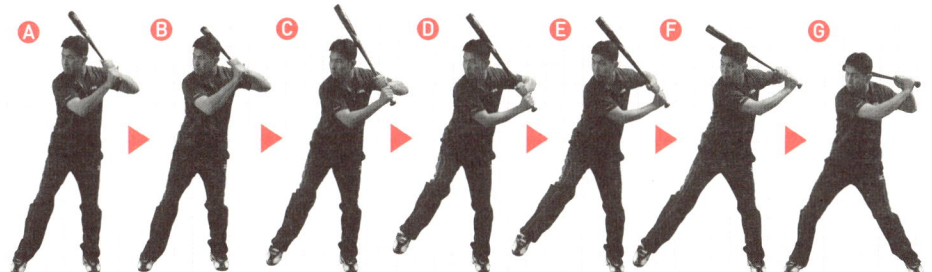

사진 6-42 〈사진 6-41〉의 움직임을 톱에서 멈춘 자세(옆면)

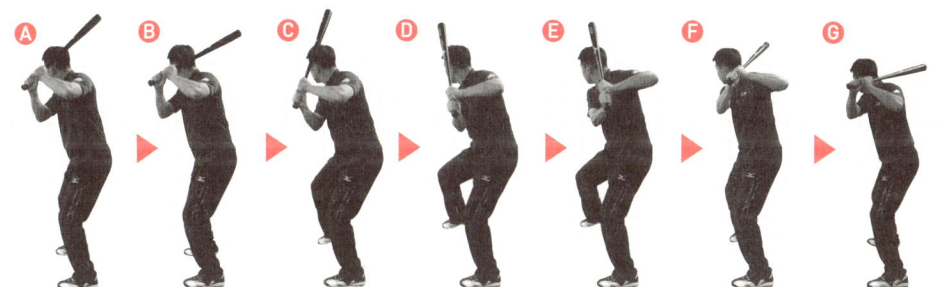

사진 6-43 〈사진 6-41〉의 움직임을 톱에서 멈춘 자세(뒷면)

사진 6-44 〈사진 6-41〉의 움직임을 톱에서 멈춘 자세(정면)

6-48〉의 자세를 비교해보면 〈사진 6-42, 6-43 각 A, B〉의 자세는 〈사진 6-45, 6-46〉의 자세에서 보텀 핸드의 팔꿈치에 여유를 주어 흔들고 있는 것이며, 〈사진 6-42 D, 6-43 D〉의 그립을 내린 시점은 〈사진 6-47, 6-48〉과 거의 같은 자세, 〈사진 6-42 G, 6-43 G〉의 '톱'의 시점은 〈사진 6-45, 6-46〉과 거의 같은 자세다.

즉 언뜻 복잡한 움직임인 것처럼 보이는 이 일련의 테이크 백 동작의 본질은 〈사진 6-45, 6-46〉의 '톱'의 기본형 자세를 기준으로 팔과 배트의 관계는 크게 바꾸지 않고 배트가 서는 방향으로 각도만을 바꾸어 다시 되돌리는 움직임이 근본을 이루고 있다.

준비단계에서부터 〈사진 6-47, 6-48〉의 자세로 이행하면서 보텀 핸드의 어깨를 턱 밑으로 끌어당기고 그립을 포수 방향으로 가볍게 당기는데, 이때 톱 핸드의 팔꿈치를 올리는 움직임이 자연스럽게 발생한다(사진 6-42, 6-43, 6-44 각 D~E). 그 때문에 두 앞 팔의 직각 관계가 약간 무너지면서 들어 올린 팔꿈치가 그립을 쳐올리듯 작용, 두 앞 팔의 직각의 관계를 복원하면서 등 쪽으로 깊이 파고든 그립을 적절한 위치로 되돌려 배트를 눕히고 스윙을 하는 자세로 부드럽게 이행시켜주는 것이다(사진 6-41 C~F, 사진 6-42, 6-43, 6-44 각 E~G). 또 톱 핸드의 팔꿈치를 들어 올리는 이 움직임에 의해 부드러운 스윙 시작 단계로 이행되는 과정은 릴랙스 상태에서 임팩트에 힘을 집중시키는 데에도 공헌을 한다.

이처럼 이 테이크 백 동작은 쓸데없는 움직임이 많아서 정확성이 떨어지는 것처럼 보이지만, 기본적으로 팔과 배트의 관계성은 바꾸지 않고 〈사진 6-45, 6-46〉의 자세와 〈사진 6-47, 6-48〉의 자세를 왕복하

사진 6-45 보텀 핸드의 라인을 높은 공에 맞춘 톱의 기본형(옆면)

사진 6-46 보텀 핸드의 라인을 높은 공에 맞춘 톱의 기본형(뒷면)

사진 6-47 〈사진 6-45〉에서 두 팔과 배트의 관계를 고정하고 배트를 세운 상태

사진 6-48 〈사진 6-46〉에서 두 팔과 배트의 관계를 고정하고 배트를 세운 상태

사진 6-49 커다란 '히치' 동작에서 보다 강하게 팔꿈치를 올리면서 끌어당긴 경우(옆면)

사진 6-50 커다란 '히치' 동작에서 보다 강하게 팔꿈치를 올리면서 끌어당긴 경우(뒷면)

는 범위 안에서 이루어지는 움직임이다. 내린 그립을 되돌리는 시간이 늦지만 않는다면 〈사진 6-45, 6-46〉의 자세로 준비했다가 그대로 스윙을 하는 경우와 같은 스윙을 할 수도 있으며, 헤드의 움직임이 있는 만큼 스윙의 가속거리가 증가해 보다 강한 임팩트를 맞이할 수 있다.

이런 규칙들만 잘 이해하고 있으면 이 테이크 백 동작에는 몇 가지의 변형이 존재하며 언뜻 전혀 다른 테이크 백 동작처럼 보이는 것이라 해도 본질적으로는 같은 구조로 이루어지고 있는 경우가 많다는 사실도 이해할 수 있다.

〈사진 6-49, 6-50〉은 '히치' 동작을 확실하게 실시한 것이다. 이처럼 테이크 백에서 그립을 강하게 내리고 일시적으로 그립의 세 가지 직각 관계를 무너뜨린다고 해도 〈사진 6-41~44〉의 테이크 백 동작이 커졌을 뿐이기 때문에 〈사진 6-45, 6-46〉의 자세로 되돌리는 시간이 늦어지지만 않는다면 큰 문제는 없다.

이 되돌리는 타이밍은 '히치' 동작이나 톱 핸드의 팔꿈치를 올리는 움직임이 클수록 스윙을 시작할 때까지 완전히 되돌린다기보다는 스윙을 시작한 직후의 동작을 통하여 되돌리게 된다. 만약 높은 공에 밀리거나 배트가 아래쪽에서 나와 플라이를 치는 경우가 많다면 되돌리는 시간이 늦다고 판단할 수 있다.

물론 낮은 공을 치는 것이라면 〈사진 6-45, 6-46〉의 상태까지는 되돌릴 필요가 없다. 〈사진 6-51, 6-52〉처럼 보텀 핸드에서부터 배트에 걸친 라인이 공을 향하는 각도에 맞춘 지점에서 '톱'을 만들고 스윙을 시작하면 된다.

사진 6-51 낮은 공에 대해서는 그립을 내렸을 때의 보텀 핸드의 각도로 톱을 만들고 스윙을 시작한다(비스듬히 정면)

사진 6-52 낮은 공에 대해서는 그립을 내렸을 때의 보텀 핸드의 각도로 톱을 만들고 스윙을 시작한다(뒷면)

사진 6-53 높은 준비단계에서 테이크 백을 시작한 경우(옆면)

사진 6-54 높은 준비단계에서 테이크 백을 시작한 경우(뒷면)

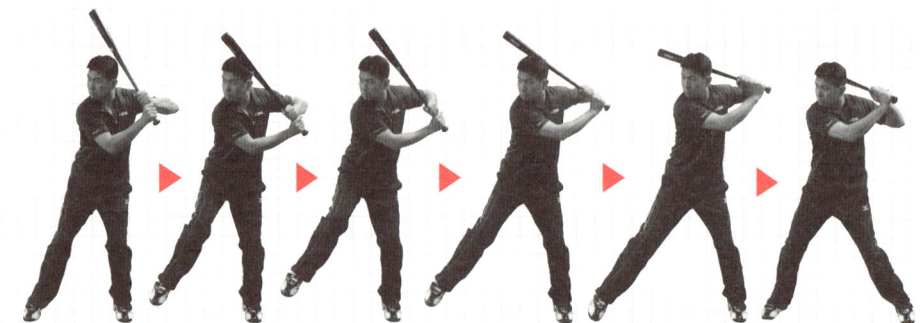

사진 6-55 배트를 세운 준비단계에서 시작한 경우(옆면)

사진 6-56 배트를 세운 준비단계에서 시작한 경우(뒷면)

사진 6-57 배트를 세운 준비단계에서 시작한 경우(정면)

사진 6-58 작게 '히치'를 하는 움직임(옆면)

사진 6-59 작게 '히치'를 하는 움직임(뒷면)

〈사진 6-53, 6-54〉는 〈사진 6-41~44〉보다 준비단계에서부터 좀 더 높게 테이크 백을 시작한 것이다. 이것도 움직이기 시작하면서부터 〈사진 6-45, 6-46〉의 자세와 〈사진 6-47, 6-48〉의 자세를 왕복하는 움직임으로 들어갈 수 있다면 〈사진 6-41~44〉의 동작과 거의 다르지 않다.

즉 〈사진 6-55, 6-56, 6-57〉처럼 처음부터 〈사진 6-47, 6-48〉의

자세 부근에서 배트를 세우고 준비한 다음에 움직이기 시작해도 〈사진 6-58, 6-59〉처럼 〈사진 6-45, 6-46〉의 자세 근처에서 작은 '히치' 동작이 있더라도 실시하고 있는 테이크 백 동작은 본질적으로 마찬가지라는 것이다. 처음의 준비자세가 〈사진 6-45, 6-46〉의 자세에 가까울수록 배트를 눕힌 자세가 되며, 〈사진 6-47, 6-48〉의 자세에 가까울수록 배트를 세운 자세가 된다는 것뿐이다.

중요한 것은 〈사진 6-45, 6-46〉의 '톱'의 기본형 자세를 기준으로 삼아, 그 팔과 배트의 관계는 그다지 바꾸지 않고 〈사진 6-45, 6-46〉과 〈사진 6-47, 6-48〉의 자세를 왕복하는 범위 안에서 팔이나 배트의 각도를 바꾸면서 코스에 따라 보텀 핸드의 라인의 각도를 맞추어 스윙을 한다는 점이다.

'히치'를 사용한 테이크 백에서 배트를 크게 움직인다고 해도 공을 정확하게 포착하기 위한 기본 원칙은 따르고 있는 것이다.

제7장

타격에 요구되는 신체 사용 방법의 핵심

보다 좋은 타격을 하기 위해 타자에게는 어떤 신체 사용 방법이 요구되며, 그것을 실현하려면 어떤 신체를 지향해야 할까. 지금까지 애매한 상태에서 감각적으로만 이야기되어온 타격에서의 신체 사용 방법의 핵심 부분에 관하여 결론을 내보자.

1. 스윙 국면에서의 신체 사용 방법의 포인트

 타격에서 가장 중요한 것은 '배트가 공을 향하여 어떻게 나가며, 어떻게 맞추는가' 하는 스윙의 궤도다. 타이밍 문제 역시 밀리거나 걸쳐지는 현상은 리듬을 맞추는 능력보다 스윙 자체가 '밀리기 쉬운 스윙 궤도', '걸치기 쉬운 스윙 궤도'가 되어 있다는 데에 가장 큰 원인이 있다. 따라서 효과적인 스윙 궤도를 낳기 위한 신체 사용 방법을 습득하는 것이 타격 향상을 위한 가장 큰 과제다.

 지금까지 설명해온 효과적인 스윙 궤도를 실현하기 위한 신체 사용 방법의 포인트는 다음의 세 가지로 집약할 수 있다.

① '톱', 또는 '톱'에서 스윙 시작 단계로 이행되어 가는 움직임 속에서 보텀 핸드의 어깨에서부터 팔, 배트에 걸친 라인의 각도를 공을 향한 스윙 플레인 각도에 맞춘다.

② 내딛는 다리를 지탱점으로 삼아 그 고관절 위에서 골반의 회전동작을 실시한다. 이때 골반은 투수에 대해 옆 방향에 가까운 상태인 채 투수 방향으로 약간 이동하는 '슬라이드 동작'부터 시작하

고, 뒤쪽 허리는 직선으로 투구 방향으로 진행시킨다.

③ 등뼈를 축으로 삼아 두 어깨를 교체하는 상체의 회전과 보텀 핸드 쪽 어깨의 리드를 연동시켜 보텀 핸드를 주체로 배트를 내민다.

이 중에서 ①이 준비자세에서 전제조건으로서의 포인트라면 ②, ③의 조합이 스윙 국면에서 신체 사용 방법의 핵심 부분에 해당한다.

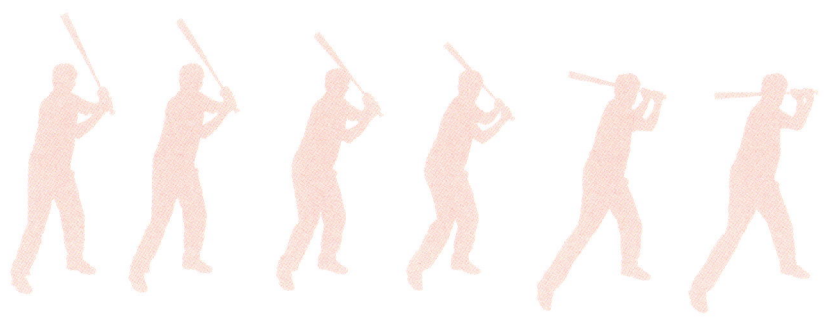

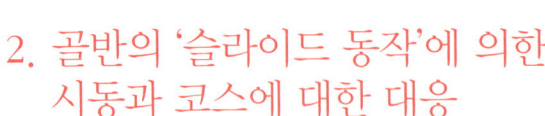
2. 골반의 '슬라이드 동작'에 의한 시동과 코스에 대한 대응

〈사진 7-1, 7-2〉는 각각 아웃코너와 인코너에 대한 스윙의 임팩트까지의 동작이다. 그리고 〈사진 7-3, 7-4〉는 그 동작들에서 착지 이후 하반신의 움직임만을 추출한 것이다. 여기에서의 포인트는 아웃코너에서는 골반이 옆 방향에 가까운 상태인 채 내딛는 다리 방향으로 슬라이드 하는 것만으로 회전을 끝내고, 인코너에서는 골반이 아웃코너와 마찬가지로 들어가 완전히 회전하면서 그와 함께 상체가 그 골반 위에서 회전하여 임팩트를 맞이한다는 것이다.

우선 아웃코너에 대한 하반신의 움직임인 〈사진 7-3〉을 보자. A~D 에서는 발끝부터 접지한 내딛는 다리가 뒤꿈치까지 완전히 착지해가는 움직임에 수반되어 골반이 축각에서부터 내딛는 다리로 옮겨지면서 체중이 이동, 축각의 뒤꿈치가 지면으로부터 떨어져 있다. 이 과정에서 골반은 거의 옆 방향으로 슬라이드 하고 있을 뿐이라는 사실을 알 수 있다. 〈사진 7-3 E〉의 회전이 끝난 상태에서 골반은 약간 투수 방향으로 향하고 있기는 하지만 기본적으로는 옆 방향으로 슬라이드 해온 연장선 위에

사진 7-1 아웃코너에 대한 스윙의 임팩트까지의 동작

사진 7-2 인코너에 대한 스윙의 임팩트까지의 동작

사진 7-3 아웃코너에 대한 착지 이후의 하반신의 움직임

사진 7-4 인코너에 대한 착지 이후의 하반신의 움직임

서의 움직임을 보였다. 축각의 발 부분이 안쪽으로 쓰러진 형태가 되어 있다는 것이 골반이 그런 식으로 움직였다는 사실을 잘 표현해준다.

다음으로, 인코너에 대한 하반신의 움직임인 〈사진 7-4〉를 보자. A~C의 자세의 변화는 아웃코너인 경우와 완전히 똑같다. 그리고 D에서는 골반이 〈사진 7-3〉보다 약간 투수 방향으로 향해 있고, E가 되면 완전히 투수 방향을 향하는데 축각의 발 부분을 보면 이 정도로 골반이 회전을 했는데도 안쪽으로 쓰러진 형태를 유지하고 있다. 이것은 골반이 옆 방향으로 슬라이드 해온 흐름을 타고 뒤쪽 허리(고관절)가 그대로 투구 방향으로 직진하여 회전동작이 이루어졌다는 사실을 의미한다. 즉 인코너에 대한 움직임이기 때문에 D 이후에는 〈사진 7-3〉보다 〈사진 7-4〉 쪽이 골반의 방향을 빨리 바꾸고 있기는 하지만, 〈사진 7-4〉에서도 〈사진 7-3 D〉의 상태를 통과하여 순간적으로 〈사진 7-4 D〉의 방향이 되었다는 것이다.

이처럼 골반의 회전동작은 '회전'이라고 표현하기는 하지만 팽이처럼 회전을 하는 것은 아니다. 스텝에서 옆 방향으로 진행해온 흐름으로부터, 착지에서 내딛는 다리의 고관절의 지탱점을 향하여 골반이 옆 방향에 가까운 상태인 채 슬라이드 하여 그 흐름을 유지한 채 뒤쪽 허리(고관절)가 직진하는 과정에 의해 골반의 방향이 바뀌는 것이다. 한편 골반이 어느 정도까지 투수 방향으로 향하는가 하는 것은 뒤쪽 허리가 직진한 거리에 의해 정해진다.

골반의 이런 '슬라이드 동작'은 이른바 '스웨이sway'와는 다르다. '스웨이'는 내딛는 다리의 지탱점이 고정되지 않고 허리가 앞쪽으로 계속 진행하는 움직임이지만, 〈사진 7-3, 7-4〉 모두 C에서 내딛는 다리로 지탱점을 고정시킨 이후에는 고관절의 위치가 더 이상 앞쪽으로 움직이지 않는다. '슬라이드 동작'은 배트를 '안쪽에서 내밀기' 위해 뒤쪽 허리를 직진시켜 골반이 가장 날카롭게 회전할 수 있는 방법으로 움직이고 있을 뿐이기 때문에, 본인은 그런 식으로 움직이고 있다는 자각 자체가 없을 정도로 미약한 움직임이다. 그래도 스윙을 시작할 때에는 이 약간의 '슬라이드 동작'이 반드시 필요하며, 어떤 코스에 대해서도 골반이 옆 방향에 가까운 상태인 채 슬라이드 한다는 똑같은 움직임으로 골반의 회전동작이 이루어지기에 코스에 따라 골반의 회전 정도를 가감할 수 있다.

흔히 오른쪽 타자가 아웃코너의 공을 칠 때 축각이 3루 벤치 방향으로 벗어나는 현상을 볼 수 있다. 멀리 떨어진 공을 칠 때일수록 미트 포인트는 포수 쪽에 가까워지지만, 이때 만약 골반이 움직인 이후에 팽이처럼 회전을 하면 포수 쪽의 포인트를 배트가 즉시 통과해버리기 때문에 적절한 포인트에서 공을 맞출 수 없다. 따라서 멀리 떨어진 코스일수록 포수 쪽 미트 포인트에서 공을 칠 필요가 있기 때문에 골반을 투수에 대해 옆 방향인 상태로 유지해야 하며, 골반을 옆 방향으로 유지하기 위해 축각이 3루 벤치 방향으로 벗어나는 움직임이 발생하는 것이다.

이것은 가장 확실한 예이지만, 먼 공을 칠 때일수록 골반은 옆 방향에 가까운 상태에서 회전을 끝내는 것이 아웃코너 공에 대응하는 신체 사용 방법의 원칙이라는 사실은 변함이 없다. 골반의 움직임이 '슬라이드 동작'에서부터 시작되기 때문에 그 대응이 가능한 것이며, '슬라이드 동작'에서부터 시작해서 뒤쪽 허리를 단번에 직진시킬 수 있으면 골반은 가장 날카롭게 회전할 수 있기 때문에 인코너에도 석절하게 대응할 수 있다. 그리고 어떤 코스이건 골반 위에서 상체가 회전하기 때문에 배트를 공에 맞출 수 있다.

즉 골반의 회전동작은 그 회전을 끝낸 방향에 따라 인코너나 아웃코너의 코스에 대한 대응을 조절하는 역할을 담당하며, 상체의 회전동작은 배트를 재빨리 군더더기 없이 공으로 향하게 할 수 있는 직접적인 역할을 담당하고 있는 것이다.

3. '열림'의 종류

 스윙 동작에서 바람직하지 않은 신체 사용 방법의 대표적인 것으로 '열림'이라는 것이 있다. 다만 이 말에는 구체성이 전혀 없기 때문에 '열림'이란 어떤 동작이고, '열리면 안 된다'는 것은 어떤 동작인지 정확하게 설명해주는 경우는 거의 없다.
 흔히 연속사진을 설명하면서 '축 회전'의 중요성을 이야기하지만, 그런 한편 '열리면 안 된다'는 말은 회전하는 것 자체를 부정하는 듯한 느낌도 있기 때문에 '회전'과 '열림'의 구별을 하지 않은 상태에서 '열리면 안 된다'는 말에 지나치게 얽매이면 의식적으로 회전동작을 실시하지 않는 스윙을 하게 된다. 실제로 그런 선수나 팀은 많이 있다. 그 때문에 '회전'과 '열리면 안 된다'는 표현의 진정한 의미를 이해하고, 정말로 중요한 동작은 무엇인지 정확하게 알아두어야 한다.
 내가 아는 한 '열림'이라고 불리는 표현은 하나의 말이 다섯 가지 종류의 동작을 가리켜 사용되고 있다(사진 7-5/ 사진 7-6, 7-7/ 사진 7-8, 7-9/ 사진 7-10/ 사진 7-11).

〈사진 7-5〉는 축각에 체중을 남긴 채 앞쪽 허리가 끌려나오는 회전 방법이다. 이것은 거의 스텝을 밟지 않고, 착지를 하기 전부터 팔의 움직임으로 스윙을 시작하는 경우에 발생한다. 팔의 움직임이 허리의 움직임보다 앞서면 허리가 앞쪽으로 이끌려나가는 움직임은 발생하지 않고, 상체를 앞으로 향하는 움직임에 의해 발치에서부터 몸 전체가 동시에 앞으로 향한다.

〈사진 7-6, 7-7〉은 스텝을 밟으면서 축각의 무릎이 투수 쪽으로 향해가고, 그 위에 실리는 허리나 상체의 방향도 착지까지 투수 쪽으로 향해 가는 동작이다. 축각의 무릎이 앞으로 향해버리는 원인은 축각의 무릎이 발끝의 방향으로 지나치게 나간다는 데에 있다.

〈사진 7-8, 7-9〉는 상체의 회전에 의한 보텀 핸드 쪽 어깨의 리드가 전혀 작용하지 않고 골반만 회전하여 배트가 제대로 나오지 않는 상태다. 이런 현상은 '톱'에서 보텀 핸드의 어깨가 턱 아래로 움츠러들고, 그립과 톱 핸드의 팔꿈치가 모두 몸의 앞쪽 공간보다 바깥쪽에 있는 상태에서 골반만이 회전하여 팔이나 배트가 남겨지기 때문에 발생한다.

본래 상체의 회전은 '벌어짐'이 만들어진 '톱' 자세에서 착지를 신호로 골반의 움직임과 동시에 움직이기 시작하여 순간적으로 골반을 추월해간다. 〈사진 7-12〉의 옷이 비틀어지는 형태를 통하여, 골반과 상체는 하나가 되어 회전하는 것이 아니라 상체의 방향이 골반의 방향을 추월하는 것이며 배트는 앞쪽으로 운반되는 것이라는 사실을 알 수 있다. 상체의 회전에 의한 보텀 핸드 쪽 어깨의 리드에 의해 그립과 톱 핸드의 팔꿈치가 몸의 앞쪽 공간으로 나아가고, 그 움직임이 배트를 앞으로 끌

사진 7-5 축각 위에서 앞쪽 허리가 뒤쪽으로 내려가듯 회전하는 경우

사진 7-6 축각의 무릎이 투수 방향을 향하여 나가는 경우(옆면)

사진 7-7 축각의 무릎이 투수 방향을 향하여 나가는 경우(정면)

사진 7-8 상체의 회전 없이 골반만 회전하는 경우(옆면)

사진 7-9 상체의 회전 없이 골반만 회전하는 경우(정면)

제7장 타격에 요구되는 신체 사용 방법의 핵심 ··· 279

사진 7-10 골반과 상체가 하나가 되어 회전하는 경우

사진 7-11 아웃 스텝

사진 7-12 상체가 골반을 추월하는 것에 의해 배트는 앞으로 나간다

사진 7-13 상체의 회전에 의해 그립이나 톱 핸드의 팔꿈치가 몸 앞으로 나간다

어내는 직접적인 역할을 담당하고 있는 것이다(사진 7-12).

〈사진 7-9 C〉의 자세도 상체의 회전과 함께 보텀 핸드의 견갑골이 등 쪽으로 슬라이드하면 〈사진 7-13〉처럼 배트는 앞으로 나간다. 반대

로, 관절의 이런 움직임들이 나쁘면 보텀 핸드로 배트를 리드할 수 없고, 톱 핸드가 주체가 되어 완력을 이용한 타격이 되어버린다.

즉 〈사진 7-8, 7-9〉의 동작은 허리가 열려 있는 것이 아니라 상체가 열려 있지 않기 때문에 발생하는 현상이며, '열림'은커녕 반대로 전혀 열리지 않는 동작이다.

〈사진 7-10〉은 골반과 상체가 하나가 되어 회전하고 있다. 원인은 대부분 〈사진 7-5〉와 비슷하지만 특별히 축각에 체중을 남기려 하지 않아도 상체만을 단독으로 회전시킬 수 있는 가동 영역이 없기 때문에 발생하는 동작이다. 상체와 골반이 항상 한 덩어리가 되어 움직인다면 허리는 앞으로 이동할 수 없고, 발치에서부터 몸 전체가 동시에 방향을 바꾸는 회전동작이 나온다.

〈사진 7-11〉은 스텝에서의 중심이동 방향이 등 쪽으로 향하는 이른바 '아웃 스텝'이다.

이 다섯 종류의 '열림' 중에서 회전과 관계가 있는 '열림'은 〈사진 7-5~7-10〉이다. 이런 회전형 '열림'에 있어 공통되는 문제점은 배트가 '멀리 돌아서' 앞으로 나간다는 것이다.

4. '골반의 슬라이드 동작'과 '상체의 회전동작'의 조합

 앞에서 설명한 '멀리 돌아가는' 스윙 궤도와 대치되는 것으로서 효과적인 스윙 궤도를 표현한 것이 '배트를 안쪽에서 내민다', '인사이드 아웃', '최단거리' 등으로 불리는 스윙이다. '배트를 안쪽에서 내밀어야' 하는 이유는 모든 코스에 대응하기 위해서다. 배트가 안쪽에서 나가면 인코너의 공에 대해서도 재빨리 배트가 앞으로 나갈 수 있고, 아웃코너의 공에 대해서도 밀어치는 방향으로 스윙을 할 수 있다.

 여기에 비하여 배트가 멀리 돌아가는 스윙은 단순히 원 궤도 안으로 공을 끌어들이는 것이기 때문에 인코너의 공에 대해 배트를 내밀려면 아웃코너의 공에 대해 배트를 내미는 것보다 많은 시간이 걸린다. 또 이런 스윙은 손목이 빨리 젖혀지기 때문에 그 결과 아웃코너는 걸쳐지기 쉽고, 변화구는 기다릴 수 없으며, 인코너는 밀리기 쉽고 제대로 맞힌다고 해도 파울이 되는 경향이 나타난다.

 '배트를 안쪽에서 내민다'는 표현을 실현하기 위해 중요한 동작은 앞에서 설명한 골반의 '슬라이드 동작'을 이용한 시작이다. 〈사진 7-14,

7-15〉처럼 스윙을 시작할 때 골반이 옆 방향에 가까운 상태인 채 앞쪽으로 이동하여 내딛는 다리의 고관절이 닫히기 시작하는 움직임이 이루어져야 하는 것이다. 스윙을 시작할 때 이런 움직임이 이루어지면 '톱'에서부터의 그립의 움직임도 멀리 돌아가지 않고 직선에 가깝게 앞으로 끌어낼 수 있다. 만약 골반이 그 자리에서 팽이처럼 회전을 한다면 뒤쪽 허리가 멀리 돌게 되고, 그립도 멀리 돌아 나갈 수밖에 없다.

또 골반의 이런 '슬라이드 동작'은 〈사진 7-16〉처럼 신체의 움직임과 공동 작업으로 보텀 핸드에서부터 배트에 걸친 라인의 각도를 스윙을 하면서 낮은 공을 향하는 각도로 전환할 수 있기 때문에 높낮이에 대한 대응을 하기 위해 빼놓을 수 없는 중요한 동작이다.

골반의 이런 '슬라이드 동작'이 올바르게 이루어져 뒤쪽 허리가 직진하고 있는가 하는 것은 〈사진 7-14, 7-15〉처럼 축각의 발 부분이 안쪽으로 쓰러지는지를 확인해 보면 알 수 있다. 축각은 뒤쪽 허리의 이동에 이끌려 젖혀지는 것이기 때문에 처음에 골반이 슬라이드 하여 그대로 뒤쪽 허리가 직진하고 있으면 반드시 이런 식으로 젖혀진다.

하지만 '배트를 안쪽에서 내민다'는 표현은 골반의 '슬라이드 동작'만으로는 실현할 수 없다. 스윙을 시작할 때 뒤쪽 허리를 직선으로 진행시킨다고 해도 상체의 회전 없이 팔을 뻗기 시작하면 역시 배트는 멀리 돌아가기 때문이다(사진 7-17). 〈사진 7-18〉처럼 스윙을 시작할 때 배트는 톱 핸드의 어깻죽지 근처에 있다가 〈사진 7-19〉처럼 보텀 핸드 쪽 어깨의 리드로 상체가 회전하기 시작, 배트와 어깻죽지의 가까운 거리가 유지된 상태에서 앞으로 운반된다. 이처럼 '배트를 안쪽에서 내민다'

사진 7-14 골반의 슬라이드 동작에 의한 시동(뒷면)

사진 7-15 골반의 슬라이드 동작에 의한 시동(비스듬히 정면)

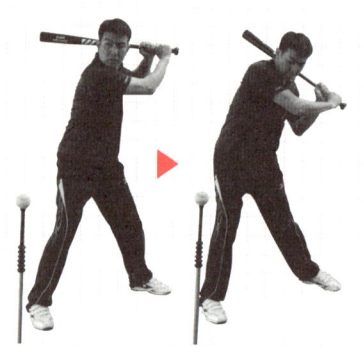
사진 7-16 골반의 슬라이드 동작은 높낮이에 대응하기 위해 빼놓을 수 없는 동작이다

사진 7-17 상체의 회전이 없이 팔을 뻗으면 배트는 멀리 돌아간다

사진 7-18 스윙을 시작할 때 배트는 어깻죽지 근처에 있다

사진 7-19 상체의 회전에 의해 배트와 어깻죽지와의 거리가 유지된다

는 표현은 골반의 회전의 '슬라이드 동작'에 의한 시동과 상체의 회전동작의 조합에 의해 실현된다.

한마디로 타격의 '회전동작'이라고 말하지만 골반의 회전과 상체의 회전, 두 종류의 회전이 존재하는 것이다. 골반의 회전은 말로는 회전이라고 표현하지만 사실은 옆 방향에 가까운 상태인 채 투수 방향으로 약간 이동하는 '슬라이드 동작'에서부터 시작하는 것이며, 뒤쪽 허리가 그대로 직선으로 진행하여 코스에 맞는 방향까지 골반이 나아가는 움직임이다. 내딛는 다리를 지탱점으로 삼아 고정시키고 두 다리의 내전근을 조여 골반이 옆 방향에 가까운 상태인 채 내딛는 다리 방향으로 이동하기 시작, 그 흐름을 타고 내딛는 다리의 고관절이 닫히면서 최소한의 반경을 그리는 간결한 골반 회전이 이루어지는 것이다(사진 7-20).

한편 상체의 회전은 등뼈를 축으로 좌우의 어깨를 교체하는 움직임으로(사진 7-21), 말 그대로 진짜 회전이다. 그렇기 때문에 '열리면 안 된다'고 하여, 회전하지 않는 것을 떠올리는 '벽'이라는 말과 회전동작의 중요성을 표현한 '축 회전'이라는 말이 타격의 효과적인 신체 사용 방법을 표현할 때 뒤섞어 사용되는 것이다.

〈사진 7-22, 7-23〉은 이 골반과 상체의 두 가지 회전동작의 조합을 체조로 실시한 것인데, 두 종류의 다른 회전이 조합되어 있다는 데에 커다란 의미가 있다.

예를 들어 프리스비Frisbee(플라스틱제 원반)를 던지는 동작도 마찬가지 구조가 작용한다. 프리스비를 직선으로 날리려면 릴리스 직전의 궤도를 직선으로 진행해야 한다. 만약 골반과 상체가 일체화되어 동시에 움직

사진 7-20 골반의 회전은 내딛는 다리의 지탱점을 향하여 뒤쪽 허리가 직진한다

사진 7-21 상체의 회전은 등뼈를 축으로 좌우의 어깨가 교체된다

사진 7-22 두 가지 회전동작을 조합시킨 동작(옆면)

사진 7-23 두 가지 회전동작을 조합시킨 동작(정면)

일 수밖에 없어서 그 자리에서 몸 전체가 동시에 팽이처럼 회전하는 상태로 프리스비를 던진다면 팔은 정확한 원에 가까운 궤도를 그리게 되어 어디로 날아갈지 알 수 없다. 그 때문에 상체는 회전동작을 실시하지만, 하반신에서는 축각을 등 쪽 방향으로 끌어당겨 목표를 향하여 골반을 이동시키는 '슬라이드 동작'과 내딛는 다리의 지탱점을 목표에 대해 옆 방향으로 고정하는 '벽'을 유지해서 릴리스 전에 팔을 직선 이동시켜야 한다.

타격에서는 이렇게까지 완전한 직선 이동까지 요구하지는 않지만 배트를 가능하면 '멀리 돌게' 하지 않고 '안쪽에서 내미는', 임팩트 부근을 배트가 직선에 가깝게 진행하는 타원 모양의 스윙 궤도를 실현하기 위해 프리스비를 던질 때와 비슷한 신체 사용 방법의 구조를 이용하는 것이다.

내딛는 다리를 지탱점으로 삼은 골반의 '슬라이드 동작'에 의한 시동에서부터의 방향 전환과 등뼈를 중심으로 두 어깨를 교체하는 상체의 회전동작, 이 두 가지 동작을 얼마나 잘 조합하는가 하는 것이 타격의 좋고 나쁨을 결정한다고 말해도 지나친 표현이 아니다. 타격을 위한 신체 만들기의 목표는 이 두 가지 동작을 위해 관절을 움직이는 방법을 만드는 것이다.

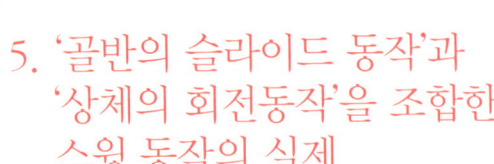

5. '골반의 슬라이드 동작'과 '상체의 회전동작'을 조합한 스윙 동작의 실제

〈사진 7-24〉는 골반의 슬라이드 동작과 상체의 회전동작의 조합 수준을 높이기 위한 드릴을 도입하는 단계에서의 체조로, 내딛는 다리를 옆 방향을 향한 채 고정하고 상체의 회전동작만을 실시한 것이다. 내딛는 다리에 체중을 모두 실어 내딛는 다리가 고정되기 쉬운 상태를 만들고, 우선 보텀 핸드의 어깨만을 턱 밑으로 움츠린(사진 7-24 B) 다음에 얼굴의 방향과 내딛는 다리는 전혀 움직이지 않고 톱 핸드의 어깨가 턱 밑으로 오는 지점까지 어깨를 움츠려 두 어깨를 교체한다(사진 7-24 C).

상체의 회전동작만을 실시한다고 하지만 상체를 회전시키면 골반도 어느 정도 회전한다. 그러나 여기에서는 상체와 골반이 하나가 되어 방향을 바꾸는 것이 아니라 골반이 옆 방향인 상태에서 슬라이드 하고 있는 도중에 두 어깨가 충분히 교체되는 동작을 실시하는 것이기 때문에, 의식적으로는 골반은 전혀 회전하지 않고 '슬라이드 동작'만을 실시하고 있다. 또 뒤쪽 허리를 멀리 도는 방향으로 움직이지 않도록 하기 위해 상체의 회전과 동시에 축각의 발 부분을 뒤꿈치 방향으로 약간 비켜

사진 7-24 두 가지 회전동작의 조합 수준을 높이는 드릴을 도입하는 단계

놓는 동작도 실시하고 있다.

〈사진 7-25〉는 〈사진 7-24〉의 동작에서 한 손 스윙을 실시한 것이다. 골반이 옆 방향을 향한 상태를 유지하기 위해 신체 정면에 포인트를 가정하고 얼굴의 방향은 그 포인트에서 전혀 움직이지 않은 채 턱 밑에서 두 어깨가 교체하듯 상체를 회전시켜 스윙을 하고 있다. 여기에서도 골반은 '슬라이드 동작'만 이루어지도록 신경을 쓰고, 상체의 회전에 이끌려 뒤쪽 허리가 멀리 도는 방향으로 움직이지 않도록 축각을 뒤꿈치 방향으로 비켜 놓고 있다.

〈사진 7-26〉은 한 걸음 옆으로 내딛을 뿐인 스텝에서 〈사진 7-25〉와 마찬가지 움직임으로 한 손 스윙을 실시한 것이다. 여기에서도 신체의 정면에 포인트를 가정하고 얼굴의 방향을 전혀 움직이지 않는다. 골반은 '슬라이드 동작'만 실시한다는 생각으로 멀리 돌아가는 회전을 피하면서 두 어깨를 턱 밑에서 교체, 상체의 회전동작을 실현하고 있다.

사진 7-25 〈사진 7-24〉 동작에서의 보텀 핸드의 한 손 스윙

사진 7-26 스텝 동작에서 〈사진 7-25〉의 한 손 스윙을 실시한 것

사진 7-27 〈사진 7-26〉의 동작을 양손 스윙으로 실시한 것

〈사진 7-27〉은 〈사진 7-26〉의 스윙을 양손으로 실시한 것이다. 포인트는 통상의 위치에 두고 있으며, 지금까지의 골반과 상체의 움직임의 관계는 바꾸지 않는다.

이 일련의 드릴을 통하여 만들려는 것은, 골반은 옆 방향인 채 '슬라이드 동작'만 실시하고 그 위에서 상체를 충분히 회전시켜 배트를 앞으로 내미는 움직임이다. 골반은 아웃코너의 공을 칠 때처럼 '슬라이드 동작'만 실시하고 움직임을 멈추지만, 상체를 유연하게 회전시켜 인코너의 공도 칠 수 있다는 이미지다.

하지만 이것은 현실적으로 불가능하다. 골반의 방향에 대해 상체의 방향을 바꿀 수 있는 것은 기껏해야 90도 정도이기 때문이다. 다만 골

사진 7-28 '열리면 안 된다'는 이미지를 떠올리게 하는 스윙 동작(정면)

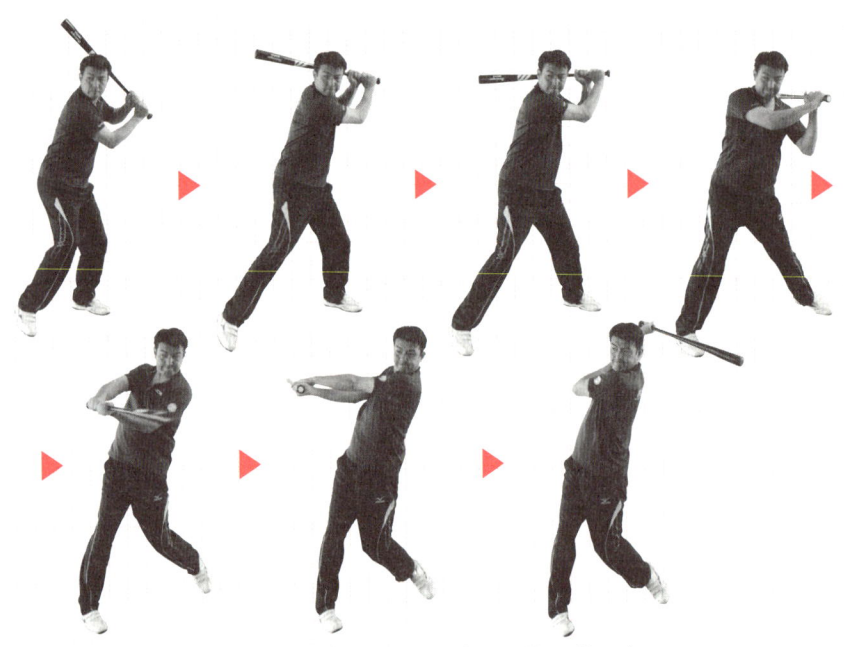

사진 7-29 '열리면 안 된다'는 이미지를 떠올리게 하는 스윙 동작(비스듬히 정면)

사진 7-30 골반과 상체가 한 덩어리가 되어 회전하는, '열린다'는 이미지를 떠올리게 하는 스윙 동작(옆면)

사진 7-31 골반과 상체가 한 덩어리가 되어 회전하는, '열린다'는 이미지를 떠올리게 하는 스윙 동작(정면)

사진 7-32 골반과 상체가 한 덩어리가 되어 회전하는, '열린다'는 이미지를 떠올리게 하는 스윙 동작(비스듬히 정면)

반의 회전에서는 '슬라이드 동작'에서부터 시작하여 뒤쪽 허리를 직진시키고, 상체의 회전에서는 유연하게 순간적으로 두 어깨를 교체하여 배트를 재빨리 앞으로 운반한다는 생각에는 변함이 없다. 이 두 가지 동작의 조합을 조금이라도 높은 수준에서 양립시키는 것이 스윙 동작을 개선하기 위한 본질적인 부분이며, 그것이 누구나 중요하게 생각하는 '열리면 안 된다'는 동작을 구체적으로 실현하는 방법이다.

이 두 가지 동작을 양립시킬 수 있으면 스윙을 해도 내딛는 다리의 방향은 착지 때의 옆 방향을 유지할 수 있고(이것이 '벽'을 유지한다는 것), 얼굴의 방향도 착지 때의 방향을 유지한 채 두 어깨가 충분히 교체되어 스윙을 하기 때문에 본인의 시각적, 감각적으로는 옆 방향인 채 스윙을 하고 있는 것처럼 느껴진다. 그것이 '열리면 안 된다'는 이미지를 떠올리게 하는 스윙 동작이다(사진 7-27, 7-28, 7-29). 그리고 무엇보다 이런 식으로 신체를 사용할 수 있으면 배트는 '안쪽에서' 순간적으로 앞쪽으로 운반되어 타원 모양의 스윙 궤도를 실현, 임팩트 존에서 배트의 중심이 공이 날아오는 선 위를 진행하는 시간이 길어진다.

여기에 비하여 골반이 축각 위에서 회전하고, 골반과 상체가 한 덩어리가 되어 움직이는 경우 어떻게 되는지를 제시한 것이 〈사진 7-30, 7-31, 7-32〉이다.

골반이 축각 위에서 회전한다고 표현하지만 사실 축각 위에서는 골반이 회전할 수 없다. 축각 위에서 회전하려 하면 발치에서부터 몸 전체의 방향을 바꿀 뿐인 '방향 전환 동작'이 된다. 그럴 경우 골반과 상체는 한 덩어리가 되어 돌아갈 수밖에 없다. 상체의 회전동작이 없으면 보텀 핸드 쪽 어깨의 리드는 발생하지 않기 때문에 단지 몸 전체의 방향을 바꾸는 도중에 톱 핸드의 힘만으로 팔을 뻗어 손목을 뒤집는 스윙을 할 수밖에 없다. 그 결과 스윙 궤도는 정확한 원에 가까워져 멀리 돌게 되고, 임팩트에서는 공을 바깥쪽에서부터 '둘러싸는' 옆 방향의 궤도를 그리기 쉽다. 이것이 '열려 있다'고 불리는 전형적인 스윙 동작이다.

6. 타이밍에 관하여

흔히 '타격은 타이밍이 가장 중요하다'는 말을 한다. 물론 나도 타이밍은 중요하다고 생각하지만 '가장 중요하다'고 생각하지는 않는다. 왜냐하면 밀리는 경우가 많은 선수는 밀리기 쉬운 스윙을 하고 있다는 데에 원인이 있으며, '마치 헤엄치듯', '걸치듯' 하는 경우가 많은 선수는 '마치 헤엄치듯', '걸치듯' 스윙을 하고 있다는 데에 원인이 있는 경우가 대부분이기 때문이다. 즉 타이밍이 맞는가 맞지 않는가 하는 문제는 대부분 스윙 방법에 의해 정해진다.

밀리기 쉬운 스윙이란 헤드가 '멀리 돌아가는' 스윙을 가리키는데, '멀리 돌아가는' 스윙은 스윙을 시작할 때 상체의 회전이 충분히 이루어지지 않고 톱 핸드를 뻗는 움직임이 빨리 발생하여 헤드가 몸에서 빨리 떨어지는 현상 때문에 발생한다.

이 '멀리 돌아가는' 것도 '약간 멀리 돌아가는' 것부터 '상당히 멀리 돌아가는' 것까지 정도의 차이가 다양하다. 당연히 '상당히 멀리 돌아갈'수록 밀리기 쉽고, 이런 선수가 테이크 백에서 투수 방향으로 헤드가 들어가거나 그립이 등 쪽으로 깊이 들어가면 배트는 더욱 내밀기 어려워지고, 그만큼 더 밀리기 쉬워진다.

그리고 테이크 백에서 그립을 포수 쪽으로 당기고 허리만이 회전을 하는 상체의 회전이 발생하지 않으면 배트를 내미는 타이밍이 늦어져 밀리기 쉬울 뿐 아니라 타구는 거의 반대 방향으로만 날아간다. 이것은 몸만 앞을 향하고 견갑골에서부터 팔, 배트가 남겨진 임팩트에 의해 몸의 방향과 다른 방향으로 타구가 날아가는 상태인데, '빨리 열리는' 것 때문에 발생하는 현상이 아니라 상체가 전혀 '열리지'(회전하지) 않기 때문에 발생하는 현상이다. 이것은 배트의 무게를 감당할 정도의 근력이 갖추어지지 않은 초등학교 저학년 선수에게서 흔히 볼 수 있는 스윙인데, 고등학교 수준에서도 정도가 극단적이지 않을 뿐 비슷한 현상을 보이는 선수는 많이 있다.

이런 식으로 '멀리 돌아가는' 스윙은 밀리기 쉬운 문제만을 낳는 것이 아니다. 대부분의 경우에는 그와 동시에 '마치 헤엄치는 듯한', '걸치는 듯한' 문제점도 병행한다.

상체의 회전이 불충분하고 톱 핸드가 빨리 움직이기 시작하면(뻗기 시작하면) 헤드가 빨리 뒤집어지는 상태에서 임팩트를 맞이할 확률이 높아진다. 이것은 결국 '멀리 돌아가는' 것이기 때문에 스윙을 시작하는 시점은 자연스럽게 빨라지고, 스윙을 시작한 이후부터 임팩트까지의 스윙 시간은 길어진다. 직구에 밀리기 쉽다는 자각이 있을 경우에는 그런 현상이 더욱 현저하게 나타난다. 그래서 변화구 등 구속이 떨어지는 공이 날아왔을 때 기다리지 못하고 '마치 헤엄치듯' 헤드가 뒤집어지면서 공을 맞이하기 때문에 '걸치는 듯한' 현상이 발생하는 것이다.

다시 말해 정도의 차이는 있지만 톱 핸드가 주체가 되어 '멀리 돌아가는' 스윙을 하는 선수일수록 빠른 공이나 인코너 공에는 밀리기 쉽고, 약간 빠지는 공이나 바깥쪽으로 도망가는 변화구, 아웃코너 낮은 공 등에는 '마치 헤엄치듯', '걸치기 쉬운' 것이다. 타이밍에 맞게 배트의 중심에 맞추는 부분이 매우 좁은 핀 포인트 범위로 한정되는 것이다.

반대로, 이른바 '배트를 안쪽에서 내민다', '최단거리에서 배트가 나온다'(헤드가 직선으로 진행한다는 의미가 아니라 헤드가 군더더기 없이 공의 궤도로 들어간다는 것) 등 군더더기 없는 스윙 궤도를 실현할 수 있도록 신체를 사용한다면 임팩트 부근에서 공에 대해 배트가 들어가는 각도가 좋아지는 것은 물론이고, 스윙을 시작한 이후부터 임팩트까지의 스윙 시간이 짧아져 보다 길게 공을 보고 난 이후에 스윙을 시작해도 코스에 맞는 적절한 포인트에 맞출 수 있도록 재빨리 배트를 내밀 수 있기 때문에 모든 공에 타이밍을 맞출 수 있는 확률이 높아진다.

이것이 지금까지 한 번도 타이밍에 대해 언급하지 않았던 이유다. 타이밍을 잡는 다리의 움직임 등은 '발을 미끄러뜨린다'거나 '다리를 높이 들어 올린다'는 등 다양하지만 기본적인 리듬으로 말한다면 '1, 2, 3'이나 '1, 2'의 어느 한쪽에 해당한다. 상대 투수의 구속 차이에 따라 리듬의 속도를 미세하게 조정하는 경우는 있지만 기본적인 리듬 자체를 바꾸는 경우는 거의 없으며, 투수의 모션에 맞추어 테이크 백을 시작하는 타이밍은 대부분 일정하다.

'1, 2, 3'의 리듬이라면 투수가 다리를 들어 올린 이후부터 중심을 가라앉히는 타이밍에 맞추거나 팔을 내리는 타이밍에 맞춘다는 식으로 약간의 차이가 있을 뿐이다. 다리를 움직이는 방법으로 보면 크게 나누어 몇 종류의 타이밍 포착 방법이 있지만, 리듬으로 보면 타이밍을 포착하는 방법에는 그 정도의 다양성은 없다.

 타이밍을 포착하는 작업에서 필요한 것은 자신의 기본적인 리듬을 이해하고 투수의 모션 어느 부분에서 움직이기 시작할 것인가를 결정하는 것 정도다. 나머지는 체중을 지탱하는 축각의 무릎이 '비틀리지' 않는다면 타이밍을 제대로 맞추는 문제는 스윙을 할 때의 신체 사용 방법 쪽 비중이 훨씬 높다. 즉 모든 공에 타이밍을 맞출 수 있는 확률이 높은 스윙 방법을 사용하고 있는가, 그렇지 않은가의 차이라는 뜻이다.

7. 변화구에 대한 대응에 관하여

 이처럼 타이밍을 포착하는 방법에 관하여 지금까지 한 번도 언급하지 않았던 이유는 마찬가지로 변화구를 치는 방법에 관하여 한 번도 언급하지 않았던 이유에도 적용된다.

 변화구에 대응할 수 없는 가장 큰 원인은 톱 핸드가 주체가 되는 스윙을 하고 있기 때문에 헤드가 빨리 뒤집어져버린다는 데에 있다. 그에 더하여 '멀리 돌아가는' 경향이 강해지면 스윙을 빨리 시작하기 때문에 변화구를 기다리지 못한다.

 앞에서도 언급했지만 이런 선수에 대해 "포인트를 가깝게 잡고 반대 방향으로 쳐라"라는 지시는 컨디션이 안 좋은 상태에서의 일시적인 응급처치로서의 지시이거나 특정 상대를 공략하는 방법, 또는 인코너는 포기하고 바깥쪽을 노릴 수밖에 없다고 판단이 되는 경우에나 가능하다. '포인트를 가깝게 잡고 반대 방향으로 친다'는 것을 기본이라고 생각하여 그것을 이미지하면서 연습을 지속하면 신체를 회전시키지 않고 팔로 스윙을 하는 버릇이 들기 때문에 톱 핸드가 주체를 이루는 경향이 더욱 강해지고, 변화구에 약한 원인을 더욱 강화시키게 된다.

변화구에 대한 대응 때문에 고민하고 있는 경우는 정말 많을 것이다. 그러나 그것은 변화구용 타격 방법만을 구사하지 못하기 때문이 아니다. 애당초 한가운데의 직구에 대한 평범한 스윙 자체에 문제가 있으며, 그것이 변화구일 때 더욱 선명하게 드러나고 있을 뿐이다.

그럴 때 근본적인 원인을 해결하려 하지 않고, 스윙 국면에서의 신체 사용 방법은 그대로 둔 상태에서 어떻게든 변화구를 치도록 하기 위해 변화구용 타격 방법만을 지도하게 되면 대부분의 경우 '축각에 체중을 남기고 포인트를 가까이 둔 상태에서 반대 방향으로 쳐라'라는 지시를 내리게 된다.

이 '축각에 체중을 남긴다'는 것은 이미지만의 이야기이며, 실제로는 축각에 체중을 남겨서는 안 된다. '포인트를 가까이'라는 것도 실제로는 공을 길게 보기 위해 스윙을 시작하는 포인트를 가까이 두라는 것일 뿐, 우선적으로는 스윙 자체를 군더더기 없는 것으로 바꾸어야 한다. 포인트는 본래 코스에 맞추어 정하는 것으로, 정말로 포인트를 가깝게 하는 것은 코스를 거역하는 것이다. '반대 방향으로 친다'는 것도 공을 보다 길게 보기 위해, 또 헤드를 빨리 뒤집지 않고 가능하면 배트를 '안쪽에서' 내밀기 위해 의식적으로 교정을 하는 것일 뿐이다. 신체 사용 방법부터 올바르게 개선하면 코스에 맞추어 타격을 하게 되어 좋은 결과를 낼 수 있는 확률이 높아진다.

최대한 양보해서, 이런 의식을 가지고 큰 문제없이 결점을 세밀하게 조정하여 좋은 결과를 얻을 수 있다고 해도, 그것을 이상적이라고 착각하여 그런 스윙을 반복하면 시간이 흐를수록 이상한 스윙을 하는 버릇이 몸에 배게 되고, 변화구는커녕 평범한 직구조차 확실하게 포착할 수 없는 타격 방법을 갖추게 될 가능성이 높다.

8. 타격을 향상시키는 데에 중요한 것

결국 내가 이 책을 통하여 여러분에게 전하고 싶은 내용은 타격에 있어서 가장 중요한 것은 '배트가 공을 향하여 어떻게 나아가고 어떻게 맞는가' 하는 스윙 궤도이며, '몸 전체의 관절을 어떻게 움직이면 배트가 공간을 어떻게 진행하는가' 하는 신체 사용 방법과 스윙 궤도의 관계를 구체적으로 이해하자는 것이다.

'스윙 동작의 구조'를 이해해야 비로소 문제가 발생하는 원인, 수정해야 할 필요성 등을 이해할 수 있고, 바람직한 방향으로 타격을 개선할 수 있다. 세우고 있던 배트를 눕혔다거나, '미끄러지듯' 움직였던 다리를 '외다리'로 바꾸었다거나, 준비자세를 잡는 방법과 타이밍을 포착하는 다리의 움직임 등 준비 국면의 동작을 바꾼다고 해도 스윙의 근본은 바뀌지 않는다. 이것은 '타법 개조'가 아닌 필링을 바꾸는 것일 뿐이기 때문에 처음에는 세밀하게 조정되는 듯한 느낌이 들지 몰라도 시간이 흐르면 다시 근본적인 문제점이 나타난다. 타격의 개선으로서 정말로 해야 할 것은 '톱' 이후의 스윙 국면에서 신체를 올바르게 사용하는 것이다.

 스윙 국면에서 신체를 올바르게 사용하는 문제에 관하여 내가 평소에 철저하게 지도하고 있는 내용은 '한가운데 높은 공에 대한 스윙을 할 때의 올바른 신체 사용 방법을 완벽하게 습득하게 한다'는 것이다. 즉 약간 빠르다고 느껴지는 한가운데의 강한 직구에 대해 백발백중의 정밀도로 쳐낼 수 있는 스윙 방법을 갖추어야 한다. 그것은 헤드가 '멀리 돌아가는' 것도 내려가는 것도 아닌, 군더더기 없는 궤도로 스윙을 한 이후부터 임팩트까지 자신이 휘두르려 한 지점으로 배트를 재빨리 내밀 수 있는 신체 사용 방법을 습득하는 것이다. 백발백중은 아니더라도 나름대로 높은 정밀도로 그런 스윙을 실현할 수 있다면 대부분의 평범한 직구는 동등하게 쳐낼 수 있으며, 군더더기 없는 스윙은 공을 길게 보는 것과 연결되기 때문에 변화구에 대한 대응도 향상된다. 스윙에서의 기본이 되는 신체 사용 방법 하나를 완벽하게 습득한다면 남은 것은 코너에 꽉 차는 코스나 다양한 구종에 대응하고 반응하기 위해 타격연습을 반복하는 것뿐이다.

9. 야구계에 보내는 메시지

 이 책에는 야구계의 발전을 위해 야구에 관계하는 모든 분들에게 보내는 메시지로서 전하고 싶은 일관된 주제가 있다.
 감각이나 이미지로 대변되는 현재의 애매한 '감각적 기술론'에서 벗어나 하나하나의 기술이 어떤 '동작 구조'로 성립되는지, 그리고 관절의 움직임 등을 구체적인 형태로 올바르게 이해해야 한다는 것이다.
 지도를 한다면 문제가 발생하는 원인을 알아야 하고, 원인을 알려면 '동작의 구조'를 구체적으로 이해해야 한다. 선수라면 더욱 그러하고, 지도자들도 감각적으로 표현하는 것은 문제가 있다는 사실을 야구계 전체가 깨달아야 한다.
 일류선수들의 감각에는 확실히 가치가 있다. 그러나 가치가 있는 것은 기본 기술을 뛰어넘는 위치에 있는 선수 개인의 '비전의 비결' 같은 부분일 뿐, 모든 사람들이 보다 나은 투구와 타격을 하기 위한 동작의 원리원칙으로서 '기본적인 기술'을 실현하기 위한 방법론이 구체적인 '동작 구조'로 정리되지 않으면 아무리 많은 시간이 흘러도 확실한 기술론은 정립되기 어렵다.

  예를 들어 가장 많이 사용되는 '열린다'는 말에는 구체성이 전혀 없다. '열린다'는 것은 어떤 것이며, 왜 그런 현상이 발생하는 것인가? '열리면 안 된다'는 것은 어떤 상태이며, 어떻게 하면 해결할 수 있는가? 이것을 설명하지 않고 '빨리 열린다'는 식으로 말한다면 그것은 올바른 지도가 아니다.

  발생하고 있는 문제점에 관하여 감각적인 말로 표현하고 있다면 그 말의 의미는 구체적으로 어떤 것인지 현상으로서 설명할 수 있어야 하며, 그렇게 되는 원인은 어디에 있고 해결을 하려면 어떤 부분을 어떤 식으로 움직여야 좋은지 설명할 수 있어야 한다. 스스로도 애매하게 이해하고 있는 표현을 지도에서 사용해서는 안 된다.

  내가 '이래서는 안 된다'고 생각하는 가장 대표적인 예는 앞에서 타이밍 이야기를 할 때 언급했던 '1, 2, 3'의 리듬이다. "1, 2의, 3이 중요하다"는 식으로 지도를 해서는 어떻게 하라는 것인지 선수들이 이해하기 어렵다. 아니, 그런 말을 하고 있는 본인조자 자신이 하는 말을 확실하게 이해하지 못하고 있는 경우가 많다. 이것은 지도가 아니다.

  '1, 2의, 3'이라면 '1, 2, 3'과, '1, 2, 의, 3'이라고 '1, 2, 3, 4'와 같은 리듬으로 셀 수 있기 때문에 말장난에 지나지 않는다. '의'의 부분으로서 어떤 움직임이 필요하고, 지금 왜 그런 식으로 움직일 수 없는지 구체적인 동작으로 전하는 것이 지도의 철칙이며, 이미지로 전한다고 해도 배경으로서 구체적인 내용을 이해하고 있어야 한다는 것이 전제조건이다. 애당초 그것을 명확하게 설명할 수 있는 지도자라면 그런 애매한 표현은 사용하지 않고, 처음부터 구체적인 동작을 가르칠 것이다. 다시 말해 야구계에서 '감각적 기술론'이 사라지지 않는 이유는 지도자와 선수가 야구에 관한 기술을 아직 애매한 상태로만 이해하고 있기 때문이라고 말할 수 있다.

현실적으로 애매한 '감각적 기술론'을 '구체성이 있는 동작 구조에 바탕을 둔 기술론'으로 정확하게 이해하고 그런 기술적 이해를 갖추는 것을 당연하게 생각하여 널리 보급시키고 뿌리를 내리는 것. 이것이 한시라도 빨리 바뀌어야 할 야구계 최대의 과제다.

'동작 구조'에 관하여 보다 많은 사람들이 이해해야 올바른 동작을 실행할 수 있으며, 실력도 향상되어 열심히 노력하는 선수가 소질을 타고난 선수와 자웅을 겨룰 수 있다. 야구계는 그렇게 바뀌어야 한다.

저자의 말

내가 이 책을 통하여 도전하고 싶은 것은 '타격 기술의 구체화'이다.

그라운드에서나 책은 물론 텔레비전 해설에서 타격을 설명하는데 사용되는 기술 용어는 '열린다', '벽^壁', '뒤에 남긴다', '포인트를 가까이', '최단거리', '헤드를 세운다' 등 겉으로 보이는 이미지나 선수의 감각을 그대로 표현한 것들뿐이다. 그 때문에 어떤 부분을 어떻게 해야 좋은지, 지금 나쁜 동작이 나오는 이유는 무엇 때문인지가 명확하지 않다.

아마 현재 야구계에서는 말로 표현되는 이런 기술론은 더 이상 나올 것이 없을 것이다. 새로운 이론이라고 해도 약간의 차이가 있을 뿐 비슷한 표현에 지나지 않는다. 그리고 이런 감각적 이론이 난립하다 보면 '무엇이 옳은 것인지 알 수 없는' 상황을 초래하게 되고, 그렇게 오해한 상태에서 잘못된 연습을 하게 된다.

따라서 지금 야구계에 정말로 필요한 것은, 감각적인 표현으로 설명되고 있는 기존의 기술론의 진위를 확인하고 정말로 중요한 것은 무엇인지 구체적인 표현을 이용하여 명확하게 하는 것이다. 그리고 그것들은 어떻게 실현할 수 있는지, 잘못된 동작은 어떤 것인지 등 모든 동작의 성립을 '동작의 구조'를 이용해서 밝혀야 한다.

이것은 선수이건 지도자이건 타격 향상을 원하는 사람이라면 누구나 알고 싶어 하는 부분이다. 개인적으로는 이미 좋은 것과 나쁜 것의 차이는 보이는데 그것을 말로 적절하게 표현할 수 없거나 세밀한 원인까지 이해하지 못하고 있는 경우가 많다. 그것이 감각적인 기술에 대한 견해의 한계다.

선수의 육체는 진화하고 있고 야구계는 지속적으로 진보를 보이고 있지만, 기술론은 지난 수십 년 동안 전혀 바뀌지 않아 이미 한계에 이르렀다. 야구계의 기술론이 진화하려면 반드시 '기술에 대한 구체적인 이해'가 있어야 한다.

이 책에서는 감각적인 기술 용어들이 가리키는 진정한 의미는 무엇인지, 그 동작은 신체를 어떻게 움직여야 실현시킬 수 있는지, 잘못된 동작은 신체를 어떻게 사용할 때 발생하는 것인지에 관하여 모든 감각적이고 이미지적인 표현을 배제하고, 구체적으로 논리적이고 명확한 근거를 바탕으로 설명하려고 노력했다.

이 책이 앞으로 야구계의 발전에 조금이라도 기여할 수 있기를 바란다.

마에다 켄 前田健(BCS Baseball Performance 대표)

BCS 베이스볼 퍼포먼스 안내

베이스볼 퍼포먼스의 발상

야구의 퍼포먼스 향상을 위해서는 무엇보다 효과적인 신체 사용법의 습득이 중요하다는 생각을 기반으로 "야구에 효과적인 움직임을 만들어, 그 움직임을 강화하기 위해 트레이닝을 한다", "야구의 동작구조에서부터 퍼포먼스에 이르기까지 정말 효과적인 트레이닝을 독자적으로 만들어낸다"는 것이 베이스볼 퍼포먼스의 발상입니다. 그러한 "신체 사용법"을 기반으로 한 노력에는 당연히 "야구의 동작구조를 세부까지 해명한다"는 분석작업이 따라다닙니다. 그러다보니 어느새 "야구의 동작구조에 대한 지식과 분석력"이 트레이닝 코치로서 저의 가장 큰 "무기"가 되어 있었습니다.

일본 프로야구 한신 타이거즈를 퇴단하고 자유 코치로 독립함에 있어 "자신밖에 없는, 그 누구에게도 지지 않는 강점이란 도대체 무엇인가", "앞으로 야구계에 내가 어떻게 기여할 수 있는가"를 다시 한 번 생각했습니다. 그때 떠오른 것이 저의 "무기", 다시 말해 "야구의 동작구조에 대한 지식과 보는 눈, 그 기초가 되는 동작의 분석력은 누구에게도 뒤지지 않는다"는 것이었습니다.

독립 당시에는 야구 동작의 동작방식을 기반으로 한 야구 전문 트레이닝 지도를 활동의 중심으로 할 생각으로 "Baseball Conditioning Systems"이라는 이름으로 출발했습니다. 그리고 야구의 동작 메커니즘에서 트레이닝을 생각해 "베이스볼 키네틱 트레이닝Baseball kinetic training"이라는 제목으로 잡지 연재를 시작했습니다. 그런데 지도의 예약은 트레이닝 지도보다 "동작 개선지도"에 집중되었고, 연재에서는 동작구조에 대한 해설에 큰 반향이 있었습니다.

저는 거기에서 처음으로, 지금의 야구계에 요구되고 있는 것은 감각이나 이미지에 치중하는 현재의 애매한 기술론을 동작구조, 신체구조라는 관점에서 구체적으로 설명하고, 무엇이 정말 옳고 무엇이 잘못됐는지 명확한 근거를 제시해서 정리하는 것이라고 깨달았습니다. 그리고 그것은 트레이닝 코치로서 항상 분석적인 눈으로 야구 동작을 봐왔던 저의 가장 특기인 부분이며, 그것이야말로 앞으로 야구계의 발전에 가장 기여할 수 있는 저의 존재가치라고 느꼈습니다.

― 마에다 켄前田健

동작개선 지도란 무엇인가?

동작을 개선한다는 것은 전혀 경험한 적 없는 새로운 동작을 경험시켜 그것을 반복하여 정착시키는 것입니다.

좋은 동작에는 이유가, 나쁜 동작에는 원인이 있습니다. 동작개선 지도를 받으면서 "열리는 것을 참아라!", "팔꿈치를 더 높이!", "돌진하지 마!"라는 지시를 받는데, 그것을 의식하는 것만으로는 개선할 수 없습니다. 그것은 다른 원인에서 연동된 동작으로 "어떻게 해서든 그렇게 되어버리는 것"이기 때문입니다.

그 문제를 해결하려면 근본 원인에 대한 접근이 필요합니다. 그것은 나쁜 동작에 한정된 것만이 아니라, 좋은 동작도 그 동작이 자동적으로 그렇게 되는 데는 이유가 있습니다. 즉 모든 동작은 어떤 원인 동작의 결과로서 "그렇게 되기 위해 움직이고 있다는 것", "일어나도록 하여 일어나고 있다"는 필연적인 것입니다.

그러므로 지도자는 동작의 구조를 구조적으로 이해하고 있어야 합니다.

스텝1 지도의 시작 – 현재의 폼을 VTR video tape recorder로 촬영합니다.

스텝2 해설, 과제 확인 – VTR을 보면서 효과적인 신체 사용법은 어떤 것이며, 그것은 왜 그럴까, 퍼포먼스를 향상시키기 위해 필요한 신체 사용법이나 현재의 문제점은 어디에 있으며, 그 문제의 움직임은 왜 생기고 있는가 등 선수의 수준과 이해력에 상응하는 내용을 구체적으로 설명하고, 앞으로의 노력과 익혀야 할 목표를 명확하게 제시합니다.

처음에는 코치가 말하는 것을 납득할 수 있으면 충분합니다. 개선 드릴(기능이나 능력을 향상하기 위한 반복 학습)을 통해 이해는 깊어지고, 끝날 무렵에는 감각으로도 "이런 것이 있구나!"라고 알 수 있습니다.

스텝 3 개선 레슨 - 개선 드릴이나 각종 움직임 만들기 체조를 단계적으로 추진하여 그 자리에서 새로운 동작을 만들어 감각을 심어갑니다. "그 날에 갈 수 있는 곳까지 간다!"는 것이 기본자세입니다. 그동안 필요에 따라 VTR로 현재 상황을 확인하면서 동작의 이해가 깊어져갑니다. "필요한 동작을 이해하는 것", "자신이 할 수 없었던 원인을 이해하는 것"이 향상을 앞당기는 중요한 포인트이며, 그것은 초등학생도 가능합니다. "아하! 그렇구나!" 하는 스스로의 자각을 늘일 것입니다.

스텝 4 정리 - VTR로 개선 연습 후의 폼을 보고 무엇이 되면서 볼이나 스윙이 좋아졌는지, 무엇이 아직 충분히 익혀지지 않았는지를 확인하고, 그 불충분한 동작이 금방 안 된 원인이 무엇인지, 그 움직임이 될 수 있게 하려면 어떤 연습과 트레이닝을 해야 하는지 등 향후 극복해야 할 과제는 물론, 집이나 그라운드에서 스스로 실천해야 할 연습방법을 알려드립니다.

스텝 5 지도 종료 - VTR은 집에서 복습하기 위해 가져갈 수 있습니다. 그리고 다음 예약 희망 날짜를 코치와 상의해서 정합니다.

BCS 베이스볼 퍼포먼스 한국 점

무엇을 누구로부터 배웠다는 것으로 야구 인생이 바뀝니다. BCS Basebase Conditioning Systems 베이스볼 퍼포먼스는 투구와 타격의 올바른 신체 사용법을 몸에 익히는 것을 목적으로 하는 "야구 개인기술 향상 전문 스쿨"입니다.

현재 여러분이 목표를 가지고 연습하고 있는데 생각과 같은 결과가 나오지 않아 힘든 것은 알지만, 무엇을 어떻게 개선해야 할지 모르는 등 각각의 상황이 있다고 생각합니다. 야구계 전체가 기술을 알고 있는 듯하지만, 그 파악하는 방법은 여전히 감각적인 세계에서 벗어나지 못하고 있으며, 아직도 애매모호한 것이 현실입니다. 지도자들이 "왜 그렇게 되는지"에 대한 신체구조를 알고 있지 않으면 단순히 문제를 지적하는 것만으로 끝나버립니다. 다시 말해 우리 몸의 움직임, 즉 '작동원리'를 알고 그 원인이 분명해야 할 일이 명확해집니다.

BCS 베이스볼 퍼포먼스에서는 사람의 몸 구조를 정확히 이해하고, 어떤 부위가 어떻게 사용되어야 하는지를 구체적으로 설명하고, 그것을 바탕으로 지도합니다. 우리는 동작개선이 전문입니다. 어느 영역이나 마찬가지겠지만, 야구에도 선천적으로 재능이 있는 사람은 확실히 있다고 생각합니다. 하지만 재능이 있다고 말하는 선수도, 재능이 없다고 말하는 선수도 최종 도달점은 결정되지 않았습니다. 재능이 없다고 생각하는 사람이 자신의 본래 능력을 최대한 발휘하는가 하면, 일부 재능이 있는 사람이 자신의 재능을 전혀 발휘하지 못하는 것이 현실입니다.

하지만 분명한 것은 모든 선수가 더 잘 될 수 있는 능력이 있음에도 아직 그 능력을 알지 못해 제대로 터트리지 못한 미개발 부분 투성이라고 생각합니다. 이런 현실에서 제가 목표로 하는 것은, 야구를 좋아하고 열심히 노력하는 선수가 올바른 노력으로 실력이 향상되어 재능 있는 선수들과 호각으로 맞붙을 수 있는 야구계의 완성입니다.

– 김우식(BCS 베이스볼 퍼포먼스 한국 점 대표)

| BCS 베이스볼 퍼포먼스 요금체계 |

개인 입회금	개인입회: 50,000원	
월 회비(입회금 별도)	사회인	100,000원(2:1 지도시 80,000원)
	초등생	100,000원
	중등생	120,000원
	고,대생	150,000원
	프로 선수	200,000원
정기 지도	100,000원 (사회인 / 초등생)	매주 1회 / 4회 380,000원
		매주 2회 / 8회 720,000원
	120,000원 (중등생)	매주 1회 / 4회 460,000원
		매주 2회 / 8회 880,000원
	150,000원 (고, 대생)	매주 1회 / 4회 580,000원
		매주 2회 / 8회 1,120,000원

| 2개의 프로그램 요금 |

1. 개별상담 동작분석 + 메커니즘 해설	3만원 / 30분(투, 타 중 하나)
	6만원 / 60분(투, 타 양쪽)
2. 개별상담 동작분석 + 메커니즘 해설 + 포인트 동작지도 체험	8만원 / 분석해설 30분 + 동작지도 30분 (투, 타 중 하나)
체험 프로그램 특전	당일에 주 1회의 "정기지도 코스"를 예약하는 분은 입회금 5만원 – 무료

※ 체험 프로그램 신청은 1, 2 어느 것이든 회원당 한 번으로 한정하겠습니다(다음 회부터는 평상시의 지도 프로그램이 되겠습니다).

| BCS 베이스볼 퍼포먼스 한국 점 |

서울: (우) 05583 서울 송파구 백제고분로 224 창대빌딩 지하 2층
    (예약 상담 070-4144-9100 / HP 010-9039-5130)

경기: (우) 14305 경기도 광명시 범안로 1040 골드프라자 601호
    (예약 상담 070-8862-9100 / HP 010-3839-6757)

- 홈페이지: www.bcs-bp.co.kr
- 페이스북: https://www.facebook.com/baseballBCS

마에다 켄의 타격 메커니즘 3 - 타자 이론편

지은이 | 마에다 켄(前田健)
옮긴이 | 이정환
펴낸이 | 박영발
펴낸곳 | W미디어
등록 | 제2005-000030호
1쇄 발행 | 2017년 4월 15일
주소 | 서울 양천구 목동서로 77 현대월드타워 1905호
전화 | 02-6678-0708
e-메일 | wmedia@naver.com

ISBN 978-89-91761-94-0 (03690)

값 20,000원